التربية الخاصة
لغير الاختصاص

أ.د. أكرم محمد صبحي محمود
نظم تعليمية مقارنة

الطبعة الأولى
2010

حقوق الطبع محفوظة
اسم الكتاب: التربية الخاصة لغير الاختصاص
تأليف: أ.د. أكرم محمد صبحي محمود

إخراج وتدقيق: دار الجنان
00962795747460

الجنان للنشر والتوزيع
المركز الرئيسي(التوزيع - المكتبة)
00962796295457 – 00962795747460
0096264659891
ص. ب 927486 الرمز البريدي 11190 عمان

مكتب السودان
هاتف 00249918064984
e-mail:dar_jenan@yahoo.com

جميع الحقوق محفوظة. يمنع طبع هذا الكتاب أو جزء منه بكل طرق الطباعة والتصوير والنقل والترجمة والتسجيل المرئي والمسموع وغيرها من الحقوق إلا بإذن خطي من الناشر.

بسم الله الرحمن الرحيم

﴿عبس وتولى﴾ ﴿أن جاءه الاعمى﴾ ﴿وما يدريك لعله يزكى﴾ ﴿أو يذكر فتنفعه الذكرى﴾ [عبس : 4]

صدق الله العظيم

الاهداء

الى زوجتي وابنتي الوّد....
الى اولادي أوس ، أنس ، ذو الفقار...تذكروا أن المعلم أب دائم ....
والى اخواتي ... هاشمية ، كريمة، واجدة، مائدة وبثينة رحمها الله تعالى.
والى أخي ..أنعم.

عرفانا مني بجهودهم وبفضلهم الكبير في تنشأتي التربوية والعلمية

أكرم

4

مقدمة

قد يشكل هذا المؤلف اضافة نوعية لنشر ثقافة التربية الخاصة في اوساط الدارسين لغير العلوم التربوية والاجتماعية وبالاخص اولئك الذين أنعم اللـه عليهم بنعمته فهداهم لمهنة التعليم والتدريس في الاختصاصات العلمية المختلفة ليقدم لهم هذا الجهد المتواضع عونا ابتدائيا تعرضيا للظواهر غير الطبيعية. والتسلكات غير الاعتيادية عند الاطفال واليافعين من تلامذتهم ولكي يلفت انتباه المعلمين للموهوبين والمتميزين في أدائهم المعرفي ونشاطهم الصفي الاجاتماعي لكي يحقق المعلم العادل عدالته في رعاية كافة ابنائه رغم تباين قدراتهم العقلية والبدنية والحسية .

والتربية لاالخاصة اليوم، مثلما تعاني من صعوبات في تحقيق اهدافا علمية وفنية ومادية وتعاني من ضعف في تعاةن هيئات التعليم والتدريس مع اولياء امور التلامذة والعكس صحيح والسبب بذلك يعود للمعاناة النتاتجة عن نقص الكادر، فالوطن العربي يحتاج الى (700.000) الف مختص مؤهل في مجال التربية الخاصة بأعتبار أن عدد المعاقين في الوطن العربي يبلغ(15 مليون) معاق نصفهم من الشباب والاطفال والحاجة محسوبة بمعدل 1=10(مدرس لكل عشرة محتاج)اضافة الى خمسة ذلك العدد من الاخصائيين في التربية الخاصة .

وتتضاعف المعاناة في الوطن العربي بسبب النقص الحاد فيى الاقسام والكليات الخاصة باعداد وتهيئة كوادر التربية الخاصة ، وكما يقول(ابو حنيفة النعمان) رضي اللـه عنه : (علمنا هذا رأي، فمن جاء بأفضل منه قبلناه).

والحمد لله رب العالمين...

أ.د. أكرم محمد صبحي العزاوي.

الفصل الأول

- الانسان بين التربية العامة والخاصة
- الفرق بن التربية الخاصة والعامة
- ميادين التربية الخاصة
- أهداف التربية الخاصة
- تصنيف المعاقون
- تشخيص الاعاقة حسب أنواعها ودرجاتها

الانسان بين التربية العامة والخاصة

يتأكد الانسان بنفسه كل يوم جديد من أهميةالمعارف والخبرات على وجوده وصيرورته وكذلك على مكونات حاضره ومقومات مستقبله، فالمعرفة معين لا ينضب والخبرة ثمرة تزداد بفعل حركة الانسان الهادفة الى تغيير كيانه وسلوكه من خلال حاجاته المتجددة فالانمسان العصري المتحضر نتاج تحضره حيثما وجد داخل مجتمعه متعامل مع اقرانه في عملية الانتلاج عموما والتي تتأكد الحاجة اليها كهدف وغاية وخصوصا عندما تتجدد الاهداف وهكذا تستطيع المجتمعات من أن تنمو وتستمر.

فالانسان كيفما كانت خلقته وتباينت طبائعه وتحجمت قدراته وامكانياتته فهو الوحيد القائم على نهضته وتغيير سبل ومدارات سعية وحياته بغض النظر عن سوية خلقته أو قصور تركيبته، فالعمل الذي يقوم به الانسان عند (ليتريLitry) لتنشئة الطفل أو الشاب هو مجموعة العادات الفكرية واليدوية والصفات الخلقية التي تكتسب

ويرى معجم(لا لاند) أن التربية هي عمل موجه ينجم عن الكائن الحي بجهده الشخصي.

كما يرى معجم (غود) أن التربية هي :

1- العمليات التي ينمو الفرد بواسطتها ويكون له من خلالها أشكالا للسلوك
2- مصطلح عام يعبر عن الدراسات الفنية والمهنية التي يقوم بها المؤسسات العليا لاعداد المدرسين .
3- التربية هي الفن الذي بواسطته تنقل المعرفة المنظمة الى كل جيل .

والتربة للمربين هي عند (هربارت): موضوع علم غايته تكون الفرد من أجل ذاته وتوقظ فيه ضروب ميوله الكثيرة .

والتربية عند (ستوارت ميل) حسب قوله هي : التربية جميع ما نقوم به من أجل أنفسنا وما يقوم به الاخريين من أجلنا بهدف الاقتراب من كمال طبيعتها ، فهي بهذه الشمولية لآثارها المباشرة وغير المباشرةتكون طبع الفرد وملكاته.

أما "دور كهايم" فيعتبر التربية هي العمل الذي تحدثه الاجيال الناضجة في الاجيال التي لم تنضج بما يكفي للحياة الاجتماعية.

ويعتبر "جون ديوي" فيرى التربية بأعتبارها مجموعة العمليات التي يستطيع بواسطتها مجتمع ما أن ينقل سلطته وأهدافه الى الاجيال الناشئة بهدف تأمين وجوده ونموه المستمر.

بينما ينطلق علماء العرب والمسلمين ومربيهم في نظرتهم للتربية من معنى الكلمة بحد ذاتها فيقول ابن منظور في لسان العرب وبالشئ يربو ربوا، ورباه أي زاد ونما.

وفي معجم المنجد ربا الولد، يربو، ربوا، وربوا أي نشأت بينما يرى الغزالي (أبو حامد محمد بن محمد الغزالي) أن التربية والتعليم أشرف المهن والصنائع وهو بهذا يستشهد بقول الرسول الكريم صلى الـلـه عليه وسلم (انما بعثت معلما) كما عرف عن الامام الغزالي قوله بأن التربية تقرب الانسان الى الـلـه سبحانه وتعالى.

ويشتهر ابن خلدون بموقفه من التربية بأعتبارها تحقق هدفادينيا وهو العمل للآخرة والهدف العمل للدنيا مسترشدا بقوله سبحانه وتعالى(وابتغ فيما أتاك الـلـه الدار الآخرة ولا تنسى نصيبك من الدنيا) القصص-76.

ويرى المربون العصريون مثل الدكتور فاخر عاقل وجميل صليبا بأن التربية هي عون الانسان على البقاء بالشكل الانسب، وهي اعداد الحياة المقبلة، والكشف عن المواهب والميول ونقل التراث وحفظه(د.فاخر) والتربية تبلغ الشئ الى الكمال أي بتنمية الوظائف النفسية، وأن التربية والوراثة متقابلتان الأولى تعني التغيير والوراثة تعني الثبات.

يتبين لنا فيما تقدم ذكره أن التربية العامة عملية تحدث للانسان الحي وترافق مراحل نموه منذ ولادته وحتى الممات، تنعكس على سلوكه وتصرفه الظاهر كما تظهر في حواسه ومشاعره غير الظاهرة عبر سلوكه وخلاله، كما يكشف ذلك علماء النفس والاجتماع وعلمكاء الطب وخبراء علوم الحياة ووظائف الاعضاء..

أما التغير الذي يصيب النفس البشرية بفعل التربية فالاساس فيه قوله سبحانه وتعالى في الآية الكريمة(ان الـلـه لا يغير ما بقوم حتى يغيروا ما بأنفسهم)..

كما تبين لنا بأن التربية هي عملية كشف للميول والرغبات التي تشكل الدوافع الانسانية على مستوى الفرد والافراد لذا فهي عملية اجتماعية تعمل على تحسين ظروف التكييف الاجتماعي عند الانسان والمرافقه لمراحل نموه ونضجه، كما تبين لنا التربية مدايات العلاقة بين مراحل النضج النفسي العقلي والبدني عن طريق ما توصل اليه علماء التربية من مقاييس واختبارات لقياس القدرة العقلية والبدنية والمعرفية الكفيلة بتوصيف سلوك الانسان لاغراض تقويمه وتصحيحه ونماءه ورقيه بنفس الوقت..

والتربية العامة بضوء ذلك رسمت حدود فعلها ومجالات وأساليب اثبات تلك الجدود عندما صنفت اتجاهات وظيفتها ودورها في تربية الاسوياء وفقا للفروق الفردية فيما بينهم وغير الاسوياء وفقا للمقدرات العقلية والنفسية والبدنية ، وجعلت من مقاييس واختبارات

الذكاء والتحصيل وقياس القدرات وتقدير الامكانيات علميا وتطبيقيا أساس لتصنيف الاطفال الى فئات كما أوجدت لهم طرائق وأساليب تربية وتأهيل وتعليم خاصة لأولئك الاطفال المحتاجين للعون الخاص والرعاية الخاصة والتربية الخاصة التي تعد اهتماما خاصا بالانسان فرضته ظروف تكوينه الخلقي أو بفعل ظروف الحمل والولادة أو ظروف الاصابة ما بعد الولادة بالحوادث والامراض.

فالتربية الخاصة: هي تربية نوعية تنسجه واحتياجات الانسان ذو القدرات العقلية والبدنية والنفسية غير السوية عند مقارنته بأقرانه في العمر والقدرة والامكانية وفق مقاييس واختبارات صحية ونفسية وعقلية وبدنية....فلذلك هي طرائق وأساليب ووسائل خاصة لاطفال خواص..

ما الفرق بين التربية العامة والتربية الخاصة؟

ما تقدم ذكره من تفسير للترابط بين العام والخاص في العملية التربوية، يكشف للدارس أن لا فرق بين الاصل والفرع من حيث جوهر وأهداف التربية غير أن طبيعة المطلوب من عمليات التربية تظهر الفارق وكما يأتي :

أولاً: أن متطلبات التشخيص والفرز والتصنيف للتلاميذ مثلما تضع لهم توصيفا للشكل والشلوك والأداء والتفكير تضع أساليب وطرائق وأدوات ومعدات ومناهج تخدم فئات التصنيف دون غيرها.. فالطفل الكفيف تختلف أساليب ومناهج تعليمه وتأهيله وتدريبه عن الطفل من فئة الصم والبكم أو الاعاقةالعقلية أو البدنية ...الخ.

ثانياً: أن برامج التأهيل لفئات التربية الخاصة تعتمد على برامج نوعية لفئة الاعاقة الواحدة فقد تختلف برامج تربية ورعاية وتدريب أطفال التخلف العقلي حسب تصنيف درجة الاعاقة الشديدة مثلا عن مستوى تربية الطفل وبرامجه في الاعاقة المتوسطة والبسيطة مثلا وكذلك بخصوص التفاوت قي أساليب تعليم وتأهيل الكفيف وفقا للفحص الطبي وتحديد درجة الرؤيا مثل ضعيف البصر وفاقد النظر كليا وفق درجات مقياس البصر.

ثالثاً: تحتاج برامج التعليم والتربية والتأهيل والتدريب للأطفال والاحتياجات الخاصة الى التركيز على تحقيق أهداف التكيف الاجتماعي للعيش مع الآخرين، وقبول الآخر، والشعور بسوية الدور الاجتماعي وحقوق المواطنة وهي أهداف عامة للتربية وخاصة بالنسبة للخواص.

رابعاً: تعتمد برامج التربية الخاصة الى اختيار ومقاييس خاصة أكثر لتصنيف التلاميذ وللتعرف على قدراتهم وتطورها وفق مراحل نموهم أو مراحل معالجتهم في حين لا يحتاج دائماً التلامذة الاسوياء الى هذا الكم والتنوع من الاختيارات.

خامساً: تعد كلف التربية الخاصة والرعاية اللازمة لذوي الاحتياجات الخاصة كلفاً مضاعفة بالمقارنة بأحتياجات التربية والتعليم للتلامذة الاسوياء.

سادساً: ان اعداد كادر التربية والتأهيل والتعليم وبرامج تنفيذ خطط واستراتيجيات النهضة في مستويات برامج التربية الخاصة الى كادر مؤهل لتربية التلاميذ الخواص وبمواصفات خاصة، وقد يفضل الكادر النسوي على الرجال في مهام التأهيل الخاص، لما للمرأة من أحاسيس وعواطف تخدم كثيراً دورها التربوي التعليمي.

هل للتربية الخاصة علاقة بمجالات التربية العامة؟

للاجابة على هذا السؤال الحيوي لا بد من الانفتاح الافقي على مفهوم التربية العامةالذس تشكل التربية الخاصة فرعاً منه وذلك للتعرف على وحدة أهداف التربية والتي تنبثق منها المجالات التالية:-

1- التربية الذهنية: والتي تعني بتنمية وتطوير القدرات الذهنية للتلاميذ من خلال برامج خاصة تستهدف تنشيط القابليات الذهنية والتفكير لدى الاسوياء وغيرهم من أبناء المستوى التعليمي الواحد.
2- التربية الصحية: والتي تعني البرامج التربوية الهادفة الى زرع وتنمية العادات والتقاليد الصحية اللازمة للمحافظة على دوام صحة التلاميذ البدنية والنفسية والعقلية وبمستويات المحافظة على حياتهم وتنشيط عمل أجهزة الجسم الداخلية، وتعليمه سبل وطرائق الصحة والسلامة.
3- التربية البدنية: وهي البرامج التي تعني بتربية الانسان من خلال بدنه وذلك برفع مستويات ادائه الحركي البدني وتحسين قوامه وتنشيط عمل أجهزة الجسم الداخلية والخارجية وانتظام فاعلية جهازي الدورة الدموية والتنفس وتقوية العضلات وضمان نموها الصحي والصحيح وفق مراحل النمو الاعتيادي وبرامج التربية البدنية المختارة وتكون الرياضة وأداء التمرينات البدنية المنتظمة لتحقيق أغراض التدريب البدني والقوة وتنشيط المهارات الحركية والترويح النفسي أهدافاً لهذا النوع من التربية.

4- التربية الاجتماعية: وتعني البرامج التربوية الهادفة لتحقيق التكيف الاجتماعي وتنمية روح العمل الاجتماعي واحترام الآخرين وتحسين سبل العيش المشترك والخدمة الاجتماعية على صعيد الفرد والمجتمع، لذلك اعتبرت التربية عملية اجتماعية بحد ذاتها كونها تهدف الى تطبيق السلوك الفردي وبما ينسجم مع بيئة الفرد ومحيطه.

5- التربية النفسية: وهي البرامج والطرائق التي تهدف الى تربية النفس من خلال دراسة وتحليل السلوك الانسانس ودوافعه وفقاً لمقاييس واختبارات علم النفس وفروعه المختلفة والتي تزود المربين بالمعلومات الكافية لبناء برامج التربية النفسية التي أصبحت حاجة ماسة وضرورية في عصرنا اليوم لتوفير الحياة الهانئة والسعيدة القادرة على الاستمتاع بالحياة.

6- التربية الدينية: هي البرامج التربوية الهادفة الى زرع وتعزيز الايمان بالله الواحد الاحد في نفوس وعقول التلاميذ، ورسم منهاج حياتهم الصالحة المعتمدة على دور قيم الدين الاسلامي الحنيف في بناء الشخصية المؤمنة والاساس للمواطنة.

7- التربية الفنية والجمالية: وتعني بالبرامج التي تهدف الى تنمية الذوق الرفيع في التعامل مع الحياة عموما ومع الطبيعة والانسان على وجه الخصوص، كما تزرع في النفوس حب الجمال وتقديره واحترام كل شئ جميل سواء أكان وصفاً للأنسان أو الطبيعة وما تحويه من آلآف الاشكال للأحياء سواء أكانت نباتات أو حيوانات وذلك بالتأكيد أن للفن أهداف نبيلة يجسدها سلوك الفرد المعبر عن قدراته وامكانياته الابداعية في التعبير المادي والرمزي من خلال الرسم أو الموسيقى أو الاداء البدني المعبر عن الأداء الفني الرفيع والسمو الأخلاقي للنفس البشرية وهي سمات الانسان الحضاري اليوم.

8- التربية العلاجية: وهي البرامج الهادفة لمعالجة انحراف القوام لجسم الانسان برعايته الطبية او انحرافه النفسي والاجتماعي الشخصي برعايته النفسية الطبية، أو تصحيح ميوله ورغباته الشاذة وغير السوية بمعالجتها وفقاً للمقاييس واختبارات الكشف والتشخيص والبرامج المقننة اللازمة، وتحتل التربية العلاجية مكانة ودوراً مهماً في عمليات تقويم البدن والنفس والعقل مما تصيبه من أمراض وأوبئة أو عادات وتقاليد مرفوضة اجتماعياً ودينياً وقانونياً.

9- التربية المهنية أو الحرفية: وهي البرامج التربوية التي تهدف الى تعليم التلاميذ اكتساب المهنة وتعزيز الخبرات الحرفية لدى التلاميذ، فهي برامج تحبب عند التلاميذ حب العمل واحترامه وأهمية الوقت واستثماره الافضل لتحقيق الانتاج الاوفر والاجور الاكثر، كما يكون هدف بناء الشخصيةالعملية والواقعية أساسياً وحقيقياً ومكوناً لشخصية الانسان الحضاري.

وبشكل عام أصبح التغير في التربية مفهوماً مميزاً لها فبرامجها الخاصة والعامة تستهدف تغيير سلوك الانسان وعاداته وتقاليده في تقديم ذاته والتعامل معها أو في نقل موروثه الثقافي التاريخي أو مناهج استثماره لقدراته وقابلياته كفرد وكمجتمع أو في استثمار نعمة الـلـه سبحانه وتعالى كون الانسان(خليفة على الارض) يعيش عليها ويأكل من ثمارها وينعم بجمال خلق الـلـه عز وجل، فنعمة الصحةوالامان هما أغراض يمكن للتربية تحقيقها من خلال ما توفره مناهجها وطرائقها وأساليبها وأدواتها من معارف وخبرات.

متى تبدأ التربية الخاصة ؟ التصنيف

تشكل الاتجاهات الحديثة لتطبيقات التربية في عصرنا التكنولوجي عصر توارث العلوم والتقنيات والاتصالات موارد ثقافية عديدة ومتنوعة في الكشف عن قدرات الانسان وامكانياته وفي وصف وتسمية احتياجاته، اضافة الى فتح آفاق لتوظيف خبراته الجديدة في خدمة الانسان ورغباته وميوله الآنية والمستقبلية، فقد أوضحت الدراسات والبحوث ذات الطبيعةالكاشفةللنفس البشرية ليس في الوصف فحسب بل بالارقام الدقيقة عن ضرورات تفعيل البرامج والاساليب التربوية الهادفة لرعاية الاطفال ابتداء من عملية الاخصاب وبدء تكوين الجنين في رحم الام، حيث كشفت الفحوصات الطبية والمختبرية وتقنيات السونار المتطور والاتصال الى ان فاعليات وأنشطة نمو الجنين في رحم أمه ولغاية ولادته تفرض نوعا خاصاً من الاهتمام والرعاية بالام وبالجنين معاً سيما في السنوات الاخيرة حيث تنشر الاجهزة المرئية صوراً وأفلاماً لحركة الجنين الحسية فهو يسمع الموسيقى ويستمتع بها أيضاً معبراً عن ذلك بحركات (الرفس) داخل بطن أمه وهذ يعد مؤشراً مهماً في توصيف نوع برامج التغذية لتربية الاتجاهات لدى الجنين مثلاً وهو دليل على امكانية تسجيل البدء على عملية التربية للطفل واكسابه الخبرات والمعارف وقياس استجابته مثلاً..

فكلما كانت بدء عملية التربية مبكرة وبعد الولادة مباشرة مثل التعامل مع غرائز الطفل وأحاسيسه في التعبير عن الجوع أو الفرح أو البكاء أو الضحك والبحث عن مصدر الغذاء وهو على صدر والدته فور ولادته أو احساسه في دفئ الاستقبال والحضانة والرعاية المبكرة كان ذلك يشكل بدايات فاعلية التربية.. كما أن معرفة اكتمال التكوين الخلقي للطفل عن طريق الكشف والتشخيص الطبي الملازم للحمل ولعملية الولادة تعد أول بدايات الكشف عن الاطفال الخواص مثل الاطفال الخدج أول المولودين بعاهات خلقية نتيجة عدم اكتمال النمو أو ما تنقله الجينات الوراثية أو الاضافية أو الاضرار الناتجة عنها .. كل ذلك يمكننا من تحديد بدء التربية الخاصة والحاجة لبرامجها.

ميادين التربية الخاصة

تكشف القراءة المنهجية في أدبيات التربية وعلم النفس وعلم الاجتماع والعلوم الطبية أنها تكشف تفاصيل علمية وموضوعية في الوصف لسمات من يتقرر تثبيت وصفهم واحتياجاتهم الى رعاية خاصة في تربيتهم وتعليمهم وتأهيلهم وتدريبهم كونهم غير اعتياديين بسبب الخلل الناجم عن الاصابة أو الضعف أو الاعتلال أو الاعاقة أو العجز أو التخلف لذا تمتد ميادينها لتشمل الخدمات الخاصة لأغراض:-

1- العلاج الطبي – الصحي
2- العلاج النفسي – الاجتماعي
3- العلاج البدني – الحركي
4- العلاج العقلي – المعرفي
5- العلاج التربوي – التأهلي

أما ميادينها وفقاً للخدمات المقدمة للمحتاجين والذي بلغت أعدادهم في الوطن العربي الى (15) مليونمعاق تقريباً (انظر مدخل الى التربية الخاصة د. عزة محمد عبده عانم 2002) نصفهم من الشباب والاطفال الخدمات الخاصة وهم الافراد المصنفون وفق المقاييس والاختبارات الطبية والصحية والعقلية والبدنية الى أنواع الاعاقة الخاصة بـ :

1- المتخلفون عقلياً: وحسب درجات عوقهم شديد متوسط وبسيط .
2- الاعاقة السمعية: وحسب درجات عوقهم شديد متوسط وبسيط .
3- الاعاقة البصرية: وحسب درجات ضعف البصر وانعدام الرؤية.
4- الاعاقة البدنية ـ الحركية: الاصابات المتسببة بالعجز الكلي والجزئي .

5- الاعاقة في النطق واللغة .

6- بطئ التعلم وصعوباته.

7- الانحراف الاجتماعي (الشذوذ والجنوح والجريمة).

8- الموهوبون والمتفوقون في ميادين اهتمام برامج التربية الخاصة ومناهجها العلاجية ولتقويمية.

الاعاقة ومصطلحات الدلالة بالارقام:

تفتقر الدراسات والبحوث الخاصة بالتربية وعلم النفس إلى العديد من مصطلحات الوصف والتشخيص فالطفل غير السوي والمعاق والمتفوق والمنحرف والشاذ وغير الاعتيادي والمتخلف وبطيء التعلم وغيرها يدعو المربين إلى الانتباه إليها وملاحظتها ورصدها بقصد إحالتها إلى الجهات المختصة بالفرز والتصنيف وادلالة على انتماؤها إلى أحد ميادين الرعاية الخاصة وخصوصاً عندما ازداد الاهتمام بالمعاقين دولياً حيث تساهم الأمم المتحدة ونظماتها الدولية بمساهمات مادية وعلمية وبحثيه[1]إذ أشارت الاحصائيات الخاصة بمنظمة اليونيسيف إلى وجود ما يقرب (500) مليون معاق في العالم منهم (140)مليون من الأطفال. وأن المعاقين عقلياً يشكلون (40)مليون بمختلف درجاتهم وأنماطهم، ويعاني (42)مليون من إعاقات بصرية مختلفة الحدة منهم (15)مليون كفيف كما يشكل المعاقين بالصم والضعف السمعي نسبة كبيرة تبلغ (70) مليون.

كما تكشف الأرقام في بعض الإحصائيات العالمية مدى زيادة حجم المشكلة عالمياً والأبعاد المشتقبلية لها حتى عام 2000م، حيث بلغ إجمالي المعاقين في الدول المتقدمة بحدود (136) مليون عام 2000م، من بينهم (81.2) مليون شديدي الإعاقة، أما في الدول النامية فسيصل عدد المعاقين (609.7) مليون معاق منهم (425.8) مليون معاق شديد الإعاقة.

كما يشير (د. قحطان أحمد الظاهر) – أنه طبقاً لإحصائيات 1981- (عام المعاقين الدولي) فقد أشارت إلى نسبة إجمالي المعاقين في العام تبلغ (10%) من الإجمالي العام للسكان. كما أن هناك تفاوتاً دالاً إحصائياً بين الدول المتقدمة والدول النامية حيث بلغ متوسط المعاقين في الدول المتقدمة (8%) بينما تصل نسبة المعاقين في الدول النامية (13.5%) وقد تصل إلى (20%) في الدول الفقيرة.

---

[1] : انظر كتاب د. قحطان محمد الظاهر – مدخل إلى التربية الخاصة 2005 ط1،ص22.

بينما تشير الزيادة السنوية وتباينها بين الدول المتقدمة والدول النامية حيث بلغت الزيادة في الإخيرة (2.56%) بينما كانت في الدول المتقدمة (0.75%) قابلاً للزيادة.

إن الاحصائيات والأرقام المعلنة من قبل المنظمات الدولية والإقليمية والمحلية قد تؤشر الحقيقة إلى حد بعيد في الدول المتقدمة علمياً وثقافياً غير أن الأرقام أكثر من المعلن في الدول النامية ومنها الدول العربية وبعض الدول الآسيوية والإفريقية وذلك بسبب اتساع رقعة الأمية والجهل والفقر والعادات والتقاليد السائدة التي يحول دون الاعلان فيها عن الإعاقة لأسباب اجتماعية ومرضية مثلاً.

أما الإعاقة بحد ذاتها فهي ضمن مفهوم الطفل غير الاعتيادي بسبب إعاقته أو تفوقه قياساً بأقرانه وفي كلا الحالتين فهو يحتاج إلى رعاية وبرامج تتناسب مع قدراته وإمكانياته واستعداداته.

ولا بد من التميز بين مصطلحي Abnormal Child(الطفل غير الاعتياد - المعوق) و Exceptional Child (الطفل المتميز أو الاستثنائي - المعوق) والطفل المعاق عند (دون Dunn) - هو الفل الذي تنحرف خصائصه الجسمية والسلوكية للحد الذي تصبح فيه معرقلة لعملية التعلم الأمر الذي يتطلب إجراءات التربية الخاصة.

بينما أظهر تاونسند (Townsend) الشمولية في تعريفه للإعاقة عندما حددها بما يلي: أنها خلل بدني ونفسي وفسيولوجي يصيب الإنسان، فهي حالة مرضية متزامنة ومؤثرة في صحة أداء أعضاء الجسم وبما بنعكس بضعف وقصور وظيفي على سلوك الإنسان الاجتماعي ودوره الطبيعي مقارنة بأقرانه.

أما (عزة محمد عبده غانم) فقد اعتمدت المصطلحات المستخدمة في ميدان الإعاقة والتي عرفت من قبل منظمة الصحة العالمية وهي المفاهيم التالية:

- الاعتلال والخلل - فقدان جسدي أو عضوي أو نفسي دائم أو مؤقت في تركيب عضوي أو وظيفته.
- العجز - الحد من القدرة على تأدية نشاط معين بسبب الاعتلال.
- الإعاقة - هي ضرر ناتج عن العجز يحد من تأدية الدور الطبيعي للفرد.
- ويعرف المؤلف - الإعاقة: بأنها فقدان القدرة البدنية أو العقلية أو النفسية أو الصحية جزئياً أو كلياً لدى الإنسان عند مقارنة أداءه بنشاط أقرانه ذوي القدرة الاعتيادية على التعليم والعمل.

أما المصطلحات الأكثر شيوعا في مراجع التربية الخاصة وميادينها فهي:

- الخلل (الإصابة)	Impairment
- العجز	Disability
- الإعاقة	Handicap
- الإعاقة البصرية	Visual Impairment
- الإعاقة السمعية	Hearing Impairment
- الإعاقة العقلية	Mental disability
- الإعاقة التعليمية	Learning disability

تصنيف المعوقين

وفر التقدم العلمي - التقني الهائل الذي يشهده العالم اليوم - وتوارث العلم والمعرفة والاتصال للإنسان سبل الفحص الدقيق في الكشف عن أداء أعضاء جسم الانسان وسلامة حواسه الخمس وتوافقها وتقويم أداؤها وحيويتها وبنفس الوقت فرضت أنواع من الخدمات الخاصة للمشمولين ببرامج التربية الخاصة كل حسب درجة ومستوى التصنيف الطبي والنفسي والعقلي والبدني وبموجب مقاييس واختبارات مقننة غاية بالدقة والوصف والتحيلي وهذا من فضل تقدم العلوم والتكنولوجيا اليوم.

أما الخطوات المعتمدة في التصنيف للأطفال المعاقين فنأخذ وحسب ترتيب مراحل الكشف هي:

أولاً: الملاحظات المؤشرة من قبل الأبوين والمربين والمعلمين والمتخصصين عن توفرهم، والمراقبة عن كثب وتسجيل المعلومات الكاشفة للخلل أو الاعتلال الملاحظ.

ثانياً: جمع المعلومات عن الطفل من خلال مقابلته والتعامل معه داخل الأسرة بقصد تسجيل المعلوملمات والتحقق منها علمياً بواسطة أفراد أسرته.

ثالثاً: دراسة حالة الطفل بضوء الملاحظات المسجلة عن مراقبة سلوكه ونشاطه التفصيلي باعتباره حالة مؤرخة وصفية.

رابعاً: استخدام الاختبارات والمقاييس المقننة المتخصصة والمناسبة ولعمر الطفل والتي يمكن من خلال صدقها وثباتها إعطاء الصورة المتكاملة عن جوانب نمو الطفل الجسمي والحسي والعقلي والاجتماعي والنفسي وما يرتبط بها من مهارات وخبرات أساسية.

خامساً: تقويم أداء الطفل وقدراته وقياس كفاءة الأداء وفق برنامج زمني مناسب ولمراحل نمو الطفل التربوي - المعرفي.

سادساً: تقويم سلوك الطفل من قبل الآخرين من خارج أسرته في محيط الطفل وبيئته قبل المدرسة والسلطات المحلية مثلاً.

أهداف التربية الخاصة

لا شك في أن النظرة للتربية الخاصة كبرامج وعمليات وخدمات رعاية وتأهيل وتعليم وتقويم للأفراد المصنفين وفق قواعد فرز الفئات المشمولة ببرامج التربية الخاصة هي نظرة متكاملة لمجمل العملية التربوية المقصودة في تنشأة الأطفال عموماً والاهتمام بقدراتهم وإمكاناتهم العقلية والبدنية والنفسية والاجتماعية. لذا فالأهداف العامة للتربية هي ذات الأهداف بالنسبة للتربية الخاصة، غير أن التأكيد فيها والتحديد لها تأتي من خصوصية احتياجات ميادينها أولا، وطرائقها وأساليبها ثانياً وأعمار الفئات ومراحل نضجهم ونموهم البدني والنفسي والعقلي ثالثاً والأدوات والأجهزة المساعدة والمعينة في تنفيذ مناهج وبرامج رعايتهم وتعلمهم وتدريبهم رابعاً.

ومما تقدم ذكره من تعريف وتحليل للمصطلحات ولأغراض تحديد مسارات خدمات التربية الخاصة نقترح الأهداف الخاصة وكما يأتي:

1- تقديم الخدمات الخاصة لفئات ذو الاحتياجات الخاصة من الأطفال المصنفين وفق المقاييس والاختبارات المقننة لتحقيق فرص مناسبة لتربيتهم وتعليميهم وتدريبهم وتشمل الأطفال المعاقين والمتفوقين.
2- إبداء المساعدة للأطفال الخواص لتمكينهم من استثمار قابلياتهم واستعداداتهم وإمكانياتهم في التعليم والتأهيل للمشاركة الاجتماعية في حياة الجماعة.

3- مساعدة ذوي الاحتياجات الخاصة على بناء شخصياتهم المتميزة من خلال تنمية وتعزيز سماتهم كالثقة بالنفس والجرأة وحسن تقدير الذات والرغبة في الدخول بالمجتمع وأخذ الدور المناسب فيه.

4- التأكيد على لعض الإجراءات كالفحص الطبي الصحي – وتشخيص العاهات وكشف مواقع الاعتلال والضعف أو النقص الكلي أو الجزئي عند المعاقين والتي تسهل من عمليات تربيتهم وتعليمهم وتأهيلهم حرفياً. كما تساعد ذويهم على تربيتهم وتلبية رغباتهم.

5- التعرف على الفروق الفردية من قبل المتخصصين في التربية الخاصة مما يساعد ويسهل من صياغة البرامج وتقديم الخدمات المناسبة والمفيدة وكمات يشكل ذلك هدفاً مركزياً للتربية.

6- ما توفره خدمات التربية الخاصة لذوي الحتياجات لا يمكن تقديمه إلا من خلال نظام خاص أو مؤسسة أو مركز متخصص لتقديم الخدمات اللازمة والمتكاملة والضرورية لقياس النمو والتطور لدى المعاق إضافة لتقويم حالة العوق وفق برنامج زمني مقنن قابل للمراقبة والتحديث.

7- بعد اكتساب المعاق لمهارات مهنية حرفية مناسبة بفعل الطرائق والأساليب والأدوات والمعدات والمتخصصين والتي توفرها التربية الخاصة هدفاً إنسانياً ومركزياً.

8- تعمل التربية الخاصة على وضع برامج علاجية مقننة لتعديل السلوك تعمل على إطفاء أو تقليل المشاكل السلوكية الناتجة عن الإعاقة أو ظروف بيئة تواجد الطفل المعاق.

إن النظرة الفاحصة لأهداف التربية الخاصة بقدر ما تظهر أهميتها تكشف عن صعوبات مساراتها وحجم الكلف المادية اللازمة للنهوض بها، كما تؤثر على مواقع الروح الإنسانية التي ترافق محتواها ومضامينها وبنفس القدر تظهر الصعوبات التي ترافق أنشطتها وفعالياتها.

تصنيف الإعاقة حسب أنوعها ودرجاتها

تعد عمليات الفرز والتصنيف للإعاقة من أهم مراحل الرعاية الخاصة للمشمولين بالتربية الخاصة كنظام قائم بذاته، والتصنيف أول مراحل تقديم الخدمات لذوي الاحتياجات حيث أن تصنيف الفئات حسب نوع الإعاقة ومن ثم درجتها يعد المدخل الرئيسي للمعالجة وللتعليم والتدريب والتأهيل عموماً...

لقد ساهم تقدم العلوم الطبية والنفسية والتكنولوجية مساهمة كبيرة في التشخيص والتصنيف للمعوقين كافة وللمتفوقين والمتميزين أيضاً الأمر الذي سهل على المختصين بالتربية الخاصة والعلوم السائدة لها من ذكر أنواع الإعاقة وكما يأتي:-

- أولاً: الإعاقة العقلية.
- ثانياً: الإعاقة البدنية - الصحية.
- ثالثاً: الإعاقة السمعية
- رابعاً: الإعاقة البصرية.
- خامساً: صعوبات التعلم.

كما صنفت الاضطرابات التي تصيب أعضاء جسم الإنسان بدرجات يحددها التصنيف باعتبارها إعاقة دائمية أو مؤقتة إلى ما يلي:

- أولاً: الاضطرابات الإنفعالية.
- ثانياً: إضرابات اللغة والكلام.

كما صنفت الموهوبون والمتفوقون (المتميزون) وفقاً لمقايس واختبارات الذكاء والاستعداد الذهني إلى فئات التربية الخاصة.

الفصل الثاني

- تصنيف الإعاقة
- أسباب الإعاقة العقلية
- خصائص الإعاقة العقلية
- الخصائص الانفعالية والاجتماعية
- أساليب تعليم المعاقين عقليا

الإعاقة العقلية

نبذة تاريخية

النظرة التاريخية للإعاقة العقلية تؤثر في تعامل الإنسان معها حاكما كان أو أباً أو الأسرة أو قبية كما يظهر التاريخ تفاوت النظرة إليها زماناً ومكاناً، ويكشف ارتباطها ومنذ القدم بمستوى الوعي الثقافي للمجتمعات والسلطات الحاكمة ومؤسسات الحكم وإلى درجة تحضرها والتي كانت بموجبها طريقة لالتعامل مع المعاقين عموماً وذوي الإعاقة العقلية بشكل خاصفالنظرة القديمة للمعاق عقلياً تفسر العاهة تفسيراً ظالماً غير واقعياً حيث ترى أن الشياطين تسكن في المعاق عقلياً وأن أرواحهم شريرة، حتى أن قانون حمورابي في الطرق القديمة وقبل الميلاد جاء فيه (أن لرئيس القبيلة الحق في التخلص من الضعفاء أولهم المعاقين عقلياً ص 57- د. قحطان الظاهر) وكذلك يشير التاريخ إلى أن اليونانيين والرومان كانوا يركزون على الأقوياء جسماً وعقلاً كونهم عالة على المجتمع، وفي تاريخ اليونان – أثينا- يرى الفيلسوف أفلاطون أن (تقتصر العناية والرعاية بأصحاب الأجسام القوية والعقول السليمة، إذ أن الحياة للأقوياء ولا وجود للضعفاء) أما في سلطة – اسبرطة – فقد كانت تشكل لجنة من كبار وشيوخ المدينة للنظر بالولادات من المعاقين وتقرير مصير تلك الولادة في بقاءها أو التخلص منها. أما النظرة لوجود الروح الشريرة في أبدان المعاقين وأنها سكن للشياطين.

فقد عد العرب والمسلمين المعاقين عقلياً بأنهم مجانين وجريمتهم أنهم صرعنهم جنية إلى غير ذلك.. كما كانوا لا يميزون بين المرض العقلي والعوق العقلي.. لقد أشر تاريخ العرب والمسلمين بنزول الرسالة السماوية والقرآن الكريم عهداً جديداً للإنسان وللإنسانية جمعاء حيث جاءت تعاليمه لتجعل للإنسان قيمة عليا سليماً كان أم معاقاً واعتبرت الاهتمام به ورعايته وحرمة وجوده وتقديره واحترامه قيماً تعزز في الإنسان الإيمان بالله وبالدين الحنيف فالرحمة بالإنسان جاءت مطلقة وتوصي وتؤكد على رعاية المعاقين ومساعدتهم والاهتمام بهم وخير دليل على ذلك ما جاء في الذكر الحكيم في سورة عبس وتولى أن جاءه الأعمى....) والتي نزلت في عتاب الرسول الأعظم محمد صلى الـله عليه وسلم لموقفه من عبد الـله بن مكتوم

25

"الأعمى" الذي جاء للرسول الكريم صلى الـلـه عليه وسلم والتي أصبحت منهجاً للمسلمين في العناية والاهتمام بالمعاقين تجسيداً لتعاليم السماء[1].

وفي عام (88هـ - 707م) بنى الوليد بن عبد الملك أول مستشفى لمعالجة المعاقين عقلياً وهو أول مشفى من نوعه في العالم.

كما أنشأ المنصور دار للعجزة والأيتام وأخرى لمعالجة الجنون، كما أنشأ هارون الرشيد داراً أخرى سميت باسمه. وفي عام (259هـ) أنشأ أحمد بن طولون داراً في مصر، وكذلك صلاح الدين الأيوبي عام (587هـ - 1182م) لقد كان دور الأطباء العرب والمسلمون كبيراً ومبكراً في الاهتمام برعاية المعاقين عقلياً ونفسياً وفي استخدام وسائل العلاج للأمراض المستعصية مثل المنغوليا وعن استخدام الموسيقى في علاج الأمراض النفسية والعقلية كما جاء في كتاب ابن عمران[2].

لقد أضاف تطور المعارف والعلوم والاكتشافات في العالم الكثير من الحقائق والمفاهيم والنظريات التي ساعدت على إدراك الإنسان لحقائق كثيرة عن الأسباب المؤدية للإعاقة كمرض عقلي وعاهة عقلية مثلاً عطلت جزئياً أو كلياً فاعلية الدماغ، حيث انتقلت النظرة لهذا النوع من الإعاقة من أسباب تعزى للجن والشياطين إلى أسباب صحية نفسية تكشفها علوم الطب والنفس والتربية والاجتماع وتعالجها أيضاً.

لقد شهدت نهاية القرن الثامن عشر أولى المحاولات النظامية لدراسة الإعاقة بمحاولة (إيتارد) العلمية عقب الثورة الفرنسية والتي تمثل البداية في مرحلة التربية والتأهيل، وذلك عندما أراد أن يعلم طفل غابة أفيرون الفرنسية المسمى (فكتور) القراءة والكتابة ولم يفلح بذلك. وفكتور اسم طفل بعمر عشر سنوات عثر عليه أحد الصيادين في الغابة حيث كان يعيش مع الحيوانات ويمشي على الأربعة ويأكل مثلهم اللحم نيئاً..الخ وقد أحرز إيتارد مع الطفل فكتور تقدماً بسيطاً في الجانب الاجتماعي فقط. وقد شارك إيتارد طالبه (سيجوين) الذي واصل تجاربه واختباراته حتى أصبحت اختباراته غير اللفظية للتفاهم مع الطفل والتي ساعدت على تطوور البحوث في قياس الضعف العقلي ولا تزال تستعمل لوحة سيجون في اختبار الذكاء. وفي عام 1838م أنشأ سيجون أول مدرسة لتعليم ضعاف السمع وهي الأولى في أوروبا، ثم انتقل عام1848م إلى الولايات المتحدة الأمريكية ليؤسس أول ثلاث معاهد للمعاقين عقلياً.

---

[1] : جلال ، سعد: في الصحة العقلبة، الأملاراض النفسية والعقلية والانحرافات السلوكية، 1970 مطبعة المصري ص 33-34.

[2] : طوقان، حافظ: العلوم عند العرب ط2، بيروت دار الكتب 1983 ص 32.

كما كان للمربية المشهورة (ماريا مونتسوري) اهتمامها بالمعاقين عقلياً حيث وجدت أن سبب الإعاقة العقلية تربوي أكثر من كونه مادي وتعد مونتسوري من الأوائل التي أكدت على التدريب والإعداد الجيد للمعلمين عموماً وفي التربية الخاصة على وجه الخصوص.

في بداية القرن العشرين توصلت دراسة (العالم بينيه) لسلوك الأطفال المعاقين عقلياً في المدارس والمستشفيات إلى تطوير اختبارات قياس تقدير مستويات الذكاء عن الأطفال كما شهد القرن العشرين اهتماماً بالمعاقين عقلياً عندما بدأ تأسيس جمعيات من أولياء أمور الطلبة وانتشار درجة الوعي بأهمية المتغير الجوهري بين النظرة القديمة للإعاقة العقلية والمفاهيم الجديدة لها ومن ضمنها أن من أسباب الإعاقة العقلية ما يتحمل وزره الآباء بشكل أساسي.

وقد سعت أمريكا وفرنيا وألمانيا وغيرها من الدول التي اهتمت بنقصي الضعف والإعاقة العقلية من قبل علماء الطب والنفس والاجتماع حيث وضعوا الاختبارات والمقاييس التي تصف مستويات الإعاقة عند الأطفال وبناء برامج معالجتهم وخصوصاً عندما افتتحت لهم صفوف خاصة في المدارس العادية في مدينة أرسلان - ألمانيا عام 1896م، كما طورت مدارس وصفوف خاصة لرعاية المعاقين عقلياً في آسيا بعد الحرب العالمية الثانية بعد أن كانت اليابان سباقة بفتح مدرسة للمعاقين عام 1891م. وفي الهند ظهر هذا النوع من العناية عام 1949م وفي الفلبين 1950م وفي الصين وتايوان وسريلانكا 1958م، وتايلند وماليزيا 1962م.

أما في الأقطار العربية فلقد جاء الاهتمام بالمعاقين بعلمية وجدية أكثر عندما اهتمت مؤسسات ووزارات التربية والتعليم والصحة والشؤون الاجتماعية حيث شملت بالرعاية منها إنشاء مدارس وصفوف خاصة ومراكز متخصصة بدءاً في مصر عام 55-1958م عندما افتتحت ثلاث صفوف خاصة بالمدارس العادية وفي العراق 1955م عندما أسس معهد الأمل وفي الكويت عام 1960م عندما افتتحت مركزين للمعاقين عقلياً للبنين والبنات وفي عام 1965م افتتح معهدان عام 1960 للمعاقين عقلياً معهد الأول والآخر معهد القديس لوكو لأطفال من عمر 6-17 سنة وفي سوريا عام 1960م أسس بدمشق معهد والثاني سجلت عام 1962م وفي عام 1974 افتتح معهداً للتربية الخاصة للمعاقين عقلياً[1].

أما في الأردن فكان أول معهد أسس بعمان سنة 1968م وفي عام 1977 افتتح معهدان لتعليم ورعاية المعاقين عقلياً في الزرقاء واربد

---

[1] : مرسي أحمد: التخلف العقلي وتأثير الرعاية والتدريب، 1970 القاهرة - دار النهضة ص15.

(جدول يبين تاريخ تأسيس صفوف ومدارس ومعاهد في بعض البلدان العربية)

م	الدولة	التاريخ	مدرسة صف	معهد مركز	الإدارة والإشراف
1	مصر العربية مصر العربية	1955 1958	3 صفوف 3 صفوف	5معاهد	وزارة التربية وزارة الشئون الاجتماعية
2	جمهورية العراق جمهورية العراق	1955 1970	3 صفوف 3 صفوف	1 معهد 1 معهد	وزارة العمل والشئون الاجتماعية وزارة العمل والشئون الاجتماعية
3	دولة الكويت دولة الكويت	1955 1965	3 صفوف 3 صفوف	2 مركز (لكل صف) 2 معهد	وزارة العمل والشئون الاجتماعية وزارة العمل والشئون الاجتماعية
4	لبنان	1960	3 صفوف	2 معهد	؟
5	سوريا سوريا	1960 1972	3 صفوف 3 صفوف	1 معهد بدمشق 1 معهد بحلب	وزارة العمل والشئون الاجتماعية وزارة العمل والشئون الاجتماعية
6	الأردن الأردن	1968 1977	3 صفوف 3 صفوف	1 معهد عمان 1 معهد الزرقاء 1 معهد اربد	وزارة العمل والشئون الاجتماعية الشئون الاجتماعية والصحة
7	المملكة العربية السعودية المملكة العربية السعودية	1977 1977	3 صفوف 3 صفوف	معهد الرياض معهد الدمام	الشئون الاجتماعية والصحة وزارة التربية والشئون الاجتماعية
8	مملكة البحرين مملكة البحرين	1976 1977	3 صفوف 3 صفوف	مركز مركز	جمعية أهلية جمعية أهلية
9	دولة الامارات	1977	3 صفوف	مركز الشارقة	جمعية الأسر العربية

تعريف الإعاقة العقلية

تعرف المصادر والأدبيات الخاصة لهذا النوع من الإعاقة عدة معاني ومفاهيم وتعريف حيث يعرفها المختصون بالتربية الخاصة ويعرفها علماء الطب والنفس والاجتماع كل حسب داوية ومجال اختصاصه ودراسته ونعرض للدارسين بعض منها لتوسيع رؤيتهم ومساعدتهم على تكوين مفهوم خاص بكل منهم يعرف الإعاقة العقلية كمشكلة وكأسباب ومستويات قياس حدثها منها:

● يقدم دول (Doll) عام 1945 وهو عالم اجتماع تعريفاً للإعاقة العقلية على أساس الكفاءة الاجتماعية، في حين يعرفها الطبيب مؤكداً على الأسباب المؤدية للإعاقة وهكذا.

● وفي بريطانيا تعرف الإعاقة العقلية عام 1913م والذي يقول (أنه حالة عدم اكتمال أو توقف تطور العقل قبل سن الثامنة عشرة من العمل سواء كان ذلك ناتجاً عن أسباب داخلية أو بسبب أمراض أو جروح).

● أما تريدجولد (Tredgold) ـ فيرى ـ أن الإعاقة العقلية حالة عدم اكتمال النمو العقلي بالدرجة التي يكون الفرد فيها غير قادر على التكيف مع البيئة كأقرانه الآخرين ويحافظ على بقائه مستقلاً عن الإشراف والمراقبة والمساندة (الخارجة).

● العالم (كيرك) له نظريته التربوية للطفل القابل للتعليم (Educable) الذي يستفيد من برامج المدرسة العادية مثل أقرانه نتيجة بطء نمو الطفل العقلي، ولكن يمكن تعليمه القراءة والكتابة في فصول خاصة، أما الطفل القابل للتدريب (Trainable) فهو الطفل غير القادر للتعلم في فصول المعاقين عقليا بسبب ذكاءه المنخفض ولكن يمكن تدريبه على بعض المهن البسيطة التي لا تحتاج لقدرات عقلية.

ومن جملة التعاريف التي أطلقت عليها ـ ترى أن الإعاقة العقلية وفقاً للقياس العلمي هي ليست على درجة واحدة مهما اختلفت أسبابها وراثية أو بيئية كما أن درجة المعاق عقليا كلما كانت متوسطة الدرجة يكون نمو المعاق أبطأ ممن كانت درجة غعاقته بسيطة وهكذا.

وللظروف الإجتماعية والصحية أثرها الكبير على المعاق عقلياً أما تعريف الجمعية الأمريكية للإعاقة العقلية:

(الإعاقة العقلية هي الانخفاض الملحوظ في القدرات العقلية العامة يرافقه نقص السلوك التكيفي والتي تظهر خلال مراحل النمو..)

ويعني ذلك أن الإشارة في العريف للوظيفة العقلية أولاً ومن ثم لمهارات السلوك التكيفي ثانياً.

ويمكننا القول بضوء ما تقدم من عرض وتعريف أن الإعاقة العقلية تدلل عليها بالفحص والتشخيص السمات التالية:

1) أن الأداء العقلي عند الأطفال العاديين أعلى بالقياس من الأطفال غير العاديين.
2) بفعل الإعاقة العقلية تقل الكفاءة الإجتماعية لدى المعاقين.
3) الطفل المعاق عقلياً يبقى متخلفاً عن أقرانه العاديين عند البلوغ.
4) العوق العقلي يكون إما وراثياً أو بيئياً ويمكن كشفه بسن مبكرة غير أن شفاءه غير ممكن لاحقاً حتى وأن تم تأهيله حرفياً.

أما الوظيفة العقلية العامة فتظهر نسب الذكاء المستويات الأربع التالية:

(الجدول يوضح ذلك)

جدول مستويات الذكاء على اختبار بينية – وكلر

م	المستويات	درجة اختبار بينية	درجة اختبار وكسلر
1	البسيط Mild	68-52	69-55
2	المتوسط Moderate	51-36	54-40
3	الشديد Severe	35-20	39-25
4	العميق Profound	19-أقل	24-أقل

أما قياس السلوك التكيفي فيظهر من خلال:

1) النصح من خلال متابعته بالملاحظة والفحص مقارنة بالآخرين من نفس العمر
2) التعلم من خلال مراحل التربية والتعليم ومقارنة التحصيل بالآخرين من نفس العمر.
3) التكيف الاجتماعي من خلال مراقبة قبول الطفل وتقبله للآخرين.

ويشير التعريف المعدل للجمعية الأمريكية للإعاقة العقلية الصادر عام (1993) إلى الإعاقة العقلية : على أنها أداء ذهني وظيفي دون المتوسط مرافقاً ذلك قصور في اثنين أو أكثر في

مجالات المهارات التكيفية، الاتصال، الرعاية الاجتماعية، المعيشة المنزلية، الصحة والسلامة[1]، يضاف إلى ذلك الجوانب الأكاديمية الوظيفية، وقت الفراغ، العمل

تصنيف المعاقين عقليا

لغرض التعرف على الإعاقة من حيث درجتها أو نمطها أو أسبابها وبالأخص للتمكن من تصنيفها ومن ثم التعرف الدقيق غعلى مستوياتها بقصد وضع البرامج التأهيلية والعلاجية لا بد لنا من التعرف على التصنيفات التالية:

أولا: التصنيف وفق القياس النفسي الذي يعتمد على اختبارات الذكاء التي تحدد كل فئة من فئات الإعاقة العقلية.

وتعد الجمعية الأمريكية للإعاقة العقلية أشهر التصانيف المعتمدة للذكاء حيث يصنف المعاقين عقلياً إلى خمسة مستويات (يراجع الجدول السابق) هي:

أ- الإعاقة العقلية الهامشية (Aborderline) وتتراوح نسبة الذكاء لهذه الفئة بين 70-84 على مقياس وكسلر وبين 68-83 على اختبار بينية وتمثل هذه النسبة الاعلى من حالات الإعاقة العقلية.

ب- الإعاقة العقلية البسيطة (Mild) وتتراوح نسبة الذكاء لهذه الفئة بين 55-69 على مقياس وكسلر وبين 52-67 على اختبار ستانفورد - بينية وتكون هذه النسبة الأقل عدد من حالات الإعاقة للفئة الأولى - وهم يستطيعون اكتساب المهارات الأكاديمية والاجتماعية والمهنية إلى حد مقبول عند توفر خدمات للتربية الخاصة.

ج- الإعاقة العقلية المتوسطة (Moderate) ونسب الذكاء فيها تتراوح ما بين 40-54 عن اخاب روكسلر وبين 36-51 على اختبار ستانفورد - بينية.

د- الإعاقة العقلية الشديدة (Severe) ونسب ذكائهم ما بين 25-39 على اختبار وكسلر وبين 9-35 على اختبار ستانفورد - بينية.

هـ - الاعاقة العقلية العميقة (Profound) ةتكون نسبة الذكاء فيها 25- وأقل على اختبار وكسلر وأقل من 20 على اختبار ستانفورد بينية.

ثانياً: التصنيف التربوي: هو التصنيف الذي يعتمده علماء التربية وعلم النفس التربوي والتربية الخاصة حيث يقسمون المهارات الذهنية المحدودة إلى أربعة أصناف وكما يأتي:

---

[1] : الظاهر قحطان: مدخل إلى التربية الخاصة، ط 2005،دار وائل للنشر والتوزيع، عمان - الأردن.

أ- أطفال بطيئي التعليم (Slow Learners) وتتراوح نسبة ذكائهم ما بين (80-90) وهم الأقرب للأطفال الاعتياديين حيث يمكنهم الدخول للمدرسة كالأسوياء من زملائهم للتعلم واللعب وتحت إشراف وعناية معلميهم.

ب- الأطفال المعاقين عقلياً القابلين للتعلم: تتراوح نسبة ذكائهم ما بين (50-55 إلى 75-79) وهم قادرون على تعلم المهارات الأكاديمية وتحت رعاية وعناية خاصة للمختصين من معلمي التربية الخاصة.

ج- المعاقون القابلون للتدريب: تقل نسبة ذكائهم (30-35) إلى (50-55) وهم غير قادرين على تعلم المهارات الأكاديمية لكن يمكن تدريبهم على المهن والحرف.

د- المعاقون غير القادرين على التعلم والتدريب: تقل نسبة ذكائهم عن (35-30) وهم غير قادرون على التعلم ولا على التدريب، ويسمون (المعتمدين كلياً) أي يعتمدوا على الآخرين لقضاء كل احتياجاتهم اليومية الحياتية.

أما التصنيف الاجتماعي للمعاقين عقلياً فيصنفون إلى أربع فئات:

أ- المعتوه (diots): وهو الطفل الذي تقل نسبة ذكاءه عن 25 درجة، كما أن عمره العقلي لا يزيد على ثلاث سنوات مهما زاد عمره الزمني، والطفل المعتوه هو في أشد حالات الإعاقة العقلية غير قادر على القيام بشيء حتى العناية بنفسه، وتكون إعاقته في الغالب وراثية.

ب- الأبله (Imbeciles): وهو الطفل الذي تتراوح نسبة ذكاءه بين 25-50 ويتراوح عمره العقلي ما بين 3-7 سنوات سمكن للأطفال البلهاء تعلم بعض الأعمال الرتيبة الروتينية المعتمدة على الحالة الجسمية مثل الابتعاد عن النار أو تجنب السيارات - خوفا. مظهرهم عادي ولا تكشف إعاقتهم إلامن خلال الاحتكاك بهم حيث يمكن تشخيصهم وهم فئة أعلى من الفئة الأولى.

ج - المأفون (Maron) : هم فئة أفضل عقلياً من الأبله، مع ضعف عقلهم يمكن تعليمهم بعض مهارات القراءة والكتابة تحت رعاية التربية الخاصة حيث يمكن تدريبهم على القيام بأعمال مفيدة تكسبهم رزقهم - تتراوح نسبة ذكائهم (50-75).

د - ضعاف العقول (Feebleminded) ويتصفون بالضعف العقلي المصحوب بنزعات ملتوية وميول إجرامية، لذلك فهم يحتاجون إلى مراقبة سلوكهم غير المرغوب فيه ويحتاجون إلى الإرشاد المستمر وحماية الآخرين منهم.

ثالثاً: التصنيف الطبي الأكلينكي: ويعتمد هذا التصنيف على الفحص الطبي - البدني ومن هذا التصنيف يمكن تدوين ما يلي:

أ- المنغولية (Mongolism): يعد الدمكتور داون (Down) مكتشفاً لهذا الصنف من الغعاقة، وسميت بالمنغولية للشبه مع الجنس المنغولي من حيث الصفات الجسمية كصغر حجم الرأس وانحراف العينين وسمك الجفون وتشقق اللسان وكبره والأنف الأفطس وقصر الأذنين أو كبرهما، واليدين تكون متورمة والأرجل مفرطحة القدمين، ويوجد شق واسع بين ابهام القدم والأصبع المجاور وتعد نسبتهم 0.5% من مجموع السكان[1].

كما أفادت بعض الدراسات التي أجريت مثل دراسة بروسو وبرايزد ودراسات مالزبيرج أن نسبة المعتوهين بين هذه تتراوح بين 24% و 38% وأن نسبة البلهاء تقع بين (6%-7%) وأن نسبة المورون بينهم تتراوح ما بين 1%-4% وقد يكون هذا الاختلاف في درجة الإعاقة بالرغم من أن السبب يعود إلى المتغيرات المرافقة للمنغولية كالوضع الصحي للأم وما يرتبط بذلك من آثار جسمية ونفسية.

أما ما يميز المنغولية كإعاقة بأنها متشابهة في جميع أنحاء العالم بسبب زيادة كروموسوم واحد يكون أكثر احتمالا في الزوج الحادي والعشرين ومتأت في الاغلب من الأم فيكون ثلاثياً بدلاً من ثنائياً لذا تكون في خلية المنغولي (47) كروموسوم بدلاً من (40) كروموسوم.

ب- القماءة أو القصاع (Cretinism): يتسبب نقص هرمون الثيروكسين الذي تفرزه الغدة الدرقية بالإصابة بعاهة القماء أو القصاع حيث يتصف الأطفال المصابون بهذا المرض بقصر القامة (لا يتجاوز طول المعاق متر واحد) وبضخامة الرأس كما يتميز المصابون بالخمول والكسل وبطئ الحركة والبلادة ولون الجلد الأصفر مع وجود تجاعيد كثيرة بجسمه يمكن معالجة الطفل إن اكتشف المرض مبكراً وكان مكتسباً وليس وراثياً.

ج - غائر الرأس (Microcephalic): ويقصد بالمعاق المتصف بصغر حجم الرأس (الجمجمة)، وقد تنطبق هذه الحالة على البلهاء والمعنوهين والسبب بذلك إصابة الرحم أثناء الولادة أو قد يسبب التعرض للأشعة أو الصدمات الكهربائية للأم الحامل أو تصاب

[1] : الشيخ. يوسف، عبد السلام عبد الغفور ص 59.

بمرض معدي أو التهابات أثناء الحمل وغير ذلك من الأمراض الوراثية التي تتسبب بنمو غير طبيعي لحجم المخ لذا لا يفيد العلاج لمثل هذه العاهات.

د - الاستسقاء الدماغي (Hydrocephaly): يتصف المعاقون بالاستسقاء بكبر حجم الجمجمة حيث يتراوح بين 22- 28 أنج، ويعود ذلك إلى تجمع السائل المخ - شوكي بسبب مرض وراثي أو مكتسب يصاب به الطفل ويزيد من تراكم السائل، ويمكن معالجته بالجراحة لتصريف السائل إذا اكتشف مبكراً.

هـ - كبر الجمجمة (Maerocephaly): ويتصف المعاقون بكبر كحيط الرأس وزيادة حجم الدماغ، وتكون نسبة ذكائهم تتراوح ما بين 25-69 ويصنفون ضمن الإعاقة المتوسطة والشديدة وقد يكون السبب وراثي أيضاً.

أسباب الإعاقة العقلية

تعود أسباب هذا النوع من الإعاقة إلى عوامل وراثية وأخرى بينية. ويضع العلماء والمختصون عدد كبير من الأسباب المعروفة وغير المعروفة، وقد وضع كيرك وجونسون Kirk & Jonson وغيرهم أكثر من سبب منها ما يتعلق بطبيعة نواة البلازما. وأسباب تتعلق بطبيعة تخصيب البويضة وزراعة الجنين أو بداية تكون الدجنين أو المرحلة اللاحقة لتكوينه أو الأسباب التي تتعلق بسلامة الولادة من عدمها أو ما يتبع الولادة ومرحلة الطفولة أو المبكرة أو المتأخرة.

أما المنظمة العالمية للصحة (WHO) فقد صنفت الأسباب إلى عوامل تعود إلى ما قبل الولادة وأثنائها والولادة وما بعدها تتعلق بطبيعة المستوى الثقافي للأبوين وبيئة تربية الطفل ورعايته إضافة إلى وجود عوامل غير معروفة لحد الآن.

ولا تزال الدراسات بهذا الشأن تعتبر العوامل غير الجينية ومنها ما يتعلق بما تتعرض له الحوامل من النساء من أمراض أو إصابات أو تناول الأدوية المهدئة للأعصاب أو الإصابة بأمراض الزهري والحصبة الألمانية، كما أن إصابة الغدد أو الاضطرابات المؤدية إلى الإعاقة فإن نسبتها كبيرة أيضاً.

تشخيص الاعاقة العقلية

يعتمد تشخيص الإعاقة العقلية اليوم وبضوء التطور الطبي - التقني الحاصل في العالم على قراءات دقيقة وعلى دراسة حالة الطفل يصنف بموجبها المعاقين حسب درجة تصنيفهم طبياً وعقلياً وبدنياً ونفسياً، والتشخيص عملية صعبة وتتعلق في الغالب بدرجة وعي الحكومات والسلطات ومقدار ما يبذل من جهود ليست بسيطة من أجل تقديم الخدمات اللازمة والضرورية غير أن جميع المختصون يتفقون على اعتماد التشخيص التالي:

أ-الفحص الطبي – وينفذه أطباء مختصون.

ب-الاختبارات العقلية والنفسية ، وينفذه المختصون باختبارات الذكاء.

ج-التشخيص التربوي ويقوم به أخصائي التربية الخاصة.

د-دراسة الحالة الاجتماعية والتي يستخدم فيها الوسائل التي تدرس مراحل نمو الطفل ومقارنته بأقرانه.

خصائص المعاقين عقليا:

مما تقدم ذكره والتعرض له في الفصول السابقة سهل على الدارسين الوقوف على خصائص المعاقين عقلياً، فالفروق الفردية بين الأسوياء كثيرة كما هو معلوم والتفاوت بين الأفراد طبقاً لميولهم وحاجاتهم ودوافعهم السلوكية متنوعة ومتعددة فكيف تكون تلك الفروق بين غير الأسوياء؟ فهي بالتأكيد خصائص أخرى متعددة ومتنوعة بدنية وعقلية ونفسية واجتماعية، يمكن ذكر هذه الخصائص وفق التصنيف الآتي:

أولاً: الخصائص الجسمية: ويعبر القول المشهور (العقل السليم في الجسم السليم) بدقة على قدمه في التاريخ والتداول عن العلاقة بين الجسم والعقل، والفرق بين الاعتياديين والمعاقين عقلياً من الأفراد تجعل المقولة صحيحة عندما نراقب المعوق عقلياً في أداءه الحركي المهاري ونموه الجسمي إضافة إلى الفارق في الأطوال والأوزان بمقارنة المعاقين بالاعتياديين كما أن تناسق حركتهم الجسمية وما يعوقها من اضطراب وتشتت للحركة وما يرافقها من حركات معينة لدليل واضح على أهمية الخصائص الجسمية لذا تتضمن برامج التربية الخاصة للفئات من هذا النوع برامج علاجية مناسبة ودرجة العوق تسهل عليهم علاجهم وتدريبهم وتأهيلهم حيثما كان ذلك ممكنناً.

ثانياً: الخصائص العقلية: يتميز أطفال الإعاقة العقلية بنمو عقلي أقل من الأطفال الاعتياديين ممن هم بأعمارهم، وتؤشر الفروقات التالية بوضوح لخصائص للمعاقين عقلياً وبدرجة بسيطة للقياس عليها وهي:

1) سرعة النسيان وضعف الذاكرة.
2) قصور في القدرة على التركيز.
3) ضعف القدرة على الانتباه.
4) ضعف القدرة على حل المشكلات.
5) ضعف القدرة على التفكير المجرد.
6) ضعف القدرة على التصميم
7) ضعف القدرة على التحليل والتركيب والتقويم حتى في أعمال متقدمة.
8) تشتت الأفكار وصعوبة التمييز بين المتشابهات وأوجه الاختلاف بين الأشياء.
9) صعوبة تعلم القراءة والكتابة والخط.

ثالثاً: الخصائص اللغوية: يعاني الأطفال المعاقون عقلياً من اضطرابات وتأخر لغوي، وذلك لكون اللغة نشاط عقلي أساساً كما أن اللغة تتأثر بشدة الإعاقة وتسببها في إضطرابات النطق والكلام واضطرابات الصوت وانسيابية الكلام، كما تكثر في كلامهم عدم الاتساق والتفكك والأخطاء وتشويه النطق والحذف والابدال كما يتصفون بالكلام الطفولي لعدم تطور لغتهم.

لذا على برامج التربية الخاصة والمختصون فيها تضمين برامجها العلاجية فحوصاً وكشوفات طبية دقيقة ونفسية لمعالجة حالات صعوبات النطق عند الأطفال بالإعاقة البسيطة حيث من الممكن المعالجة عندما يكون اكتشاف العاهة مبكراً.

الخصائص الانفعالية والاجتماعية

لا شك في أن العلاقة بين الخصائص الانفعالية والاجتماعية والجسمية والعقلية والنفسية هي العلاقة التي تشكل الذات الإنسانية ولا يمكن الفصل بينهما لكون الفصل بينهما بحد ذاته يشكل عوق وعاهة معينة.

كما أن الخصائص في سلوك المعاق عليا مثل العدوان، والقصور في إنشاء علاقات اجتماعية مناسبة منسجمة مع الأقران في المجتمع، والانسحاب هي الاخرى سمه يتميز بها المعاقون عقلياً وذلك بفعل نقص القدرات العقلية والنصح الاجتماعي فهو لا يستطيع مجاراة

زملاءه من الاعتياديين حيث يشعر المعظم بحاجة المعاقين بعزلة وعدم رضى عن الذات، بالمقارنة مع الأطفال الاعتياديين.
إضافة لما تقدم فإن بعض المصنفات كنقص الثقة بالنفس، والشعور بالتردد والنظرة للذات القاصرة والشعور بالملل والتكرار وغيرها كلها صفات يتميز بها المعاقين عقلياً وتؤثر في سلوكهم بوضوح.

أساليب تعليم الأطفال المعوقين عقلياً[1]

عندما تقف معلماً أو أباً أو مراقباً في صف الأطفال المعاقين عقليا تجد نفسك أمام أكثر من حقيقة وواصقع صعب وعندها تقول لنفسك (الحمد لله تمام الخلقة).. فالأطفال الحضور متخلفين عقلياً منهم المنغولي والآخر من القماءة والاستسقاء الدماغي وتلفت انتباهك الحجوم للرأس والجمجمة بين كبيرة وصغيرة.. الخ.

عندها تجد دوافع نفسية إنسانية تنتابك من أجل هؤلاء الصغار!! وتقف أمام تحدي حقيقي هو كيف يمكنك أن تساعدهم ليتعلموا شيئاً ما يجعلهم أفضل مما هم عليه الآن من سلوك ومعرفة ولو بسيطة جداً!! ويبقى التحدي أمامك هو كيف تبدأ؟ ومن أين؟ تشير معظم الدراسات في الغالب إلى أن هدف المعلم لأطفال صنف المتخلفين عقلياً في الغالب هو السعي من أجل اكسابهم خبرة وتعليمهم مهارة!! ثم كيف تنتقل لتعليمهم مهارة أصعب من الأولى بعد أن اتغير السلوك إلى الأفضل.. مثل تعلم الطفل المهارات الحياتية مثل غسل اليد ثم مسحها بالمنشفة أو استخدام الحمام، أو مهارة مسك الملعقة ثم ايصالها إلى الفم عند تناول الأكل... الخ.

بضوء ذلك وجد التربويون والمختصون أن الحاجة تدعوهم للإطلاع بتمحيص ودقة إلى نظريات التعلم كقاعدة أساسية لتعليم الأطفال المتخلفون عقلياً ومن خلال التعليم الفردي الذي يعتمد أساساً على اتباع مبادئ التعلم للأطفال العاديين وهذه النظريات هي:
أولاً: نظرية السلوك الإجرائي: ترتبط هذه النظرية في عملية تفسير العلاقة بين سلوك الفرد (الاستجابة) وبين المظاهر والحوادث البيئية والتي تتمثل بـ(المثيرات).
والنظرية الإجرائية هي من النظريات المهمة و في تعليم المتخلفين عقلياً فلقد استطاع (سكنر) في معمله لعلم النفس على عملية دراسة تشكيل سلوك الحيوانات بتجارب استفادة منها لتعليم

[1] : المصدر: د. نادر فهمي الزيوم/ تعليم الأطفال المتخلفين عقلياً درا الفكر عمان - الأردن 1990 ص 67-75.

الأطفال المتخلفين عقلياً على بعض المهارات في الاعتماد على النفس وتعليم مهارات حياتية يومية.

فقد يستطيع المعلم أن يعلمهم (الاستجابة) لما يطلب إليهم غير قادرين على التحكم بها في ملائمة (المثيرات) المتمايزة.

ثانياً: نظرية التعلم الاجتماعي: هي النظرية التي تنطلق من كون الكائن العضوي يتفاعل مع البيئة وأن هذا التفاعل يكون بتوجيه طبيعي.

وتعتبر هذه النظرية التي يتزعمها (جوليا رونز 1954) من النظريات التطبيقية للمتخلفين عقلياً، كما أن لهذه النظرية مفهوم آخر خاص بالمتخلفين عقلياً، وهو (توقع النجاح) ولهذا النجاح نوعان هما:

أ- حالة التوقع: حيث يتوقع المعلم أو المدرب من الطفل المتخلف عقلياً سلوكاً يستطيع القيام به وعليه (المعلم) استخدام أساليب التعزيز المختلفة.

ب- تعميم التوقع: ويقصد بها تعميم الموقف بفعل التعزيز إلى مواقف أو مهارات أخرى أكثر تطوراً.

ثالثاً: النظرية السلوكية: يتزعم هذه النظرية كلارك هل حيث يعتقد بأن (أثر عملية التعلم تتم من خلال الحاجات الأساسية البيولوجية التي لها تأثير على سلوك الإنسان) وأن الدافع يكون ناتجاً عن عدم إشباع لحاجة معينة، وهذا ما يدفع الفرد باتجاه السلوك الذي يخدمه لإشباع رغبته.

ملاحظة هامة:

يعتمد أسلوب التعليم الفردي للأطفال المتخلفين عقلياً وبموجب خطة تعليمية فردية تتضمن هدفاً تربوياً واحداً من أجل تعلمها للطفل المعاق، ولا بد للعملية من ان تمر من خلال خطوات تقوم على المعرفة الجيدة لواقع الطفل وسلوكه وصحته، وتستخدم الأدوات المناسبة وطرق المساعدة الإيجابية اللفظية والجسمية.

الفصل الثالث

- الإعاقة السمعية
- تشخيص الإعاقة
- أسباب الإعاقة
- خصائص الإعاقة
- أساليب التعليم والعلاج

الإعاقة السمعية

لقد تضمنت النبذة التاريخية للإعاقة العقلية أكثر من إشارة لأكثر من عاهة وردت في تاريخ الاهتمام بالمعاقين عبر التاريخ القديم والحديث والإسلامي والعربي، وكيف كانت النظرة للمعاقين منذ ميلادهم خحيث تركوا ليلاقوا حتفهم لكونهم غير نافعين للدفاع عن المجتمع وغير قادرين على خدمة دولتهم.

والإعاقة السمعية هي ظاهرة قديمة حديثة موجودة في كل العالم، وتكثر في الدول النامية والفقيرة قياساً إلى الدول الغنية المتقدمة، ولقد شهدت السنوات الاخيرة اهتماماً كبيراً ولميزل مستمراً من حيث قبولهم في مدارس التلاميذ الأسوياء وكذلك في مدارس التربية الخاصة، وقد شملوا ضمن برامج التربية الخاصة بالرعاية والعلاج والتأهيل والتربية بعد تشخيص الإعاقة أو حالات ضعف السمع من خلال الاختبارات والمقاييس المقننة عالية التقنية اليوم حيث تهدف إلى الكشف عن ضعف وقصور السمع ولإصلاح عيوب السمع بنفس الوقت. لذا يعد الكشف المبكر والتشخيص مهمة أساسية لمعالجة قصور السمع بسبب إصابة الأذن وأجزاؤها المكونة وهي (الأذن الخارجية، ومكوناتها الصيوان والقناة السمعية الخارجية، الطبلة) ومن الأذن الوسطى وعظيماتها الثلاث (المطرقة والسندان والركاب) وكذلك الأذن الداخلية ومكوناتها (الدهليز، القوقعة، القنوات شبه الهلالية).

وتعد إصابة أجزاء الأذن وبأية درجة أحد أهم مسببات العوق السمعي عند الطفل تصنيفات الإعاقة السمعية تأخذ تصنيفات الإعاقة السمعية بالإعتماد على :

1- شدة الإصابة.
2- موقع الإصابة.
3- العمر عند الإصابة.

وتعتمد منظمة الصحة العالمية (Who) التصنيف والدرجات التالية:

1- الضعف السمعي الخفيف ويقع بين (40-26) ديسيبل.
2- الضعف السمعي المعتدل ويقع ما بين (55-41)ديسيبل.
3- الضعف السمعي معتدل الشدة ويقع بين (70-56) ديسيبل.
4- الضعف السمعي الشديد ويقع بين(91-71) ديسيبل.
5- الضعف السمعي العميق وهو ما يزيد على (90 ديسيبل).
6- فقدان السمع الكلي (الصم الكلي)

وفي تصنيف آخر يعتمد على أسباب الإعاقة أو موقع الإصابة وهي:

1- الإعاقة السمعية التوصيلية: وتتعلق بإصابة الأذن الخارجية أساساً.

2- الإعاقة السمعية – الحسية: ويكون العطل في الأذن الداخلية.

3- الصمم المركزي: وهو إصابة المخ بخلل يؤدي إلى الإعاقة فيه بحيث لا تشكل الأصوات للفرد أي دلالة وغير مفهومة.

أما التصنيف الذي يعتمد على العمر عند الإصابة فهو:

1- الصمم ما قبل اكتساب اللغة والكلام ويحدث منذ الولادة وقبل تعلم الطفل اللغة والكلام (قبل عمر ثلاث سنوات).

2- الصمم ما بعد تعلم اللغة والكلام.

أسباب الإعاقة السمعية

تؤكد الدراسات الطبية وأدبيات التربية الخاصة أن أسباب الإعاقة السمعية متعددة منها:

أولاً: ما يتعلق بمرحلة ما قبل الولادة من إصابات وأمراض تتعرض لها المرأة الحامل أثناء فترة الحمل كالإصابة بالحمى الألمانية وغيرها. ومنها أمراض سوء التغذية للأم الحامل، أو اختلاف عامل (RH) بين الأم والأب، ويعد نقص الأوكسجين وتعاطي العقاقير الطبية والمضادات الحيوية وغيرها سبباً مؤثراً على الخلايا المسئولة عن تكوين أجهزة السمع لدرجة إصابتها وتلفها أو تصلب عظيمات السمع.

ثانياً: ما يتعلق بمرحلة ما بعد الولادة – عندما يصاب الطفل الوليد بالحصبة الألمانية أو التهابات ذات السحايا والحمى القرمزية أو تعرضه للأصوات العالية المؤثرة على الأذن الوسطى، كما أن التهاب نخاع العظم وحوادث الإصابات التي تسبب أضرار للأجزاء المسئولة عن السمع في الدماغ أو الإصابة بالنكاف والحرارة المرتفعة أو تكون المادة الصمغية كلها وغير من أمراض وإصابات تتسبب بشكل مباشر أو غير مباشر على درجة السمع وبما يتلف الأذن ومكوناتها.

لذا توجب اهتمام المختصون بالتربية الخاصة – الإعاقة السمعية – الإلمام الكافي والمعرفة الطبية التي تعينهم على الكشف والتشخيص وبناء البرامج العلاجية الكافية لضمان صحة أجزاء الأذن وفاعليتها وبما يحقق للتربية الخاصة أهدافها التعليمية والتدريبية والتأهيلية

لذوي الإعاقة السمعية، فهم أطفال اعتياديون ما عدا سمعهم، لذا فعند تشخيص إعاقتهم أو إصابتهم ومعالجتها بوقت مناسب وبعد مضي ثلاثة أشهر على عمر الوليد حيث يبدأ إحساس الطفل بالأصوات العالية مثيراً ومستفزا له عندها يمكن التشخيص لأعراض التصنيف والمتابعة.

وتعتمد في الكشف عن الإعاقة السمعية طرق مختلفة الصعوبة والإثارة للتعرف على مقدرة الطفل السمعية وكذلك توجد اختبارات خاصة للقياس، مثل إسماع الطفل على مسافة معينة أصوات من جانب الأذن اليسار مثلاً، وتغلق الأذن اليمنى بقطعة من القطن لمعرفة ردود فعله وقياس استجابته السمعية بعد أن يتكلم الفاحص الكلام العادي من على بعد 20 قدم بصوت عادي (وهي المسافة التي يسمع منها الفرد السامع)فعندما لا يسمع الطفل تقربه قدماً قدماً للتعرف على درجة سمعية فإذا سمع من بعد 12 قدم حصل على درجة سمع 20/12 وعندما يسمع على بعد 7 أقدام يحصل على درجة 20/7 وهكذا يمكننا قياس القدرة السمعية.

ومن أهم طرق قياس قدرة السمع حديثاً بشكل دقيق ويمكن استخدامها مع الأطفال الذين تزيد أعمارهم على ثلاث سنوات بجهاز (الأوديومتر) وهي طريقة لقياس النغمات الصافية النقية لمعرفة عتبة السمع، حيث يستخدم الاخصائي قياس السمع نغمات بمستوى حدة صوت مختلفة وترددات مختلفة وتقاس حدة السمع بالديسيبل (من صفر – 110) ونقطة الصفر هي أصغر درجة يمكن أن تستثير المفحوص، أما التردد فيتراوح ما بين 125- 8000 دورة بالثانية الواحدة.

وهناك اختبارات أخرى لقياس درجات السمع تستخدم جميعها في مراكز الصم وضعاف السمع لقياس القدرة على التمييز السمعي لأعمار أطفال بعمر (5-8) سنوات لاغراض التربية الخاصة.

أما عن الآثار الناجمة عن الإعاقة السمعية فيمكن ذكرها بالتلخيص الآتي:

1) عرقلة النمو اللغوي عن الطفل.

2) الآثار السلبية في نمو المهارات اللغوية ولما لها من أثر على النمو الذهني.

3) الآثار في الجانب الاجتماعي - الانفعالي، حيث أن الإعاقة السمعية تشكل عائقاً للتواصل الاجتماعي والتفاعل مع الآخرين.

4) تؤثر الإعاقة السمعية سلباً على التحصيل الأكاديمي بشكل أو بآخر وحسب درجة تصنيف الصعوبة

لذلك فإن الكتاب المقرر للقراءة في المدارس العادية الذي يؤخذ بسنة دراسية واحدة يعطى في مراكز المعاقين سمعياً بسنتين وهو إجراء مطبق في كافة مدارس ومراكز التربية الخاصة.

لقد ساد اليوم الاتجاه التربوي الذي يجد بتعليم الأطفال ضعاف السمع بمدارس للعاديين وفي صفوف خاصة بهم يقوموا على تعليمهم معلمون متخصصون في التربية الخاصة، ووجودهم مع زملاء لهم من الأطفال الإعتياديين له فوائد ايجابية كبيرة منها الاستفادة من الجو المشبع بالمثيرات الإيجابية التي تخدم تطورهم الذهني واللغوي، في حين أن عزلهم بمدارس خاصة للصم واستخدامهم لغة الإشارة دون استخدام اللغة المنطوقة يقلل فرص استخدامهم اللغة المنطوقة بالمجتمع.

أهم البيئات التعليمية لضعاف السمع:

ترى التربية الخاصة وبفعل المتغيرات التربوية البحثية التي وضعت من خلال التجارب وتحليل نتائج سباقات وصيغ للتعلم مختلفة أن البيئات التعليمية الأفضل بالنسبة لضعاف السمع هي:

1- المدارس الخاصة النهارية أو مراكز الرعاية.
2- الصفوف اخاصة بالمدارس الاعتيادية (العزل).
3- الصفوف العادية بالمدارس الاعتيادية(الاختلاط).
4- ورش العمل المصحوبة بتعليم خاص.

طرق وأساليب تعليم المعاقين سمعياً:

نستعرض أهم الطرق والأساليب المستخدمة في تعليم هذه الفئة ضمن أساليب وطرائق التربية الخاصة وعلى النحو المركز الآتي:

أولاً: الطريقة الشفهية: وهي الطريقة التي تتضمن استخدام الكلمات المنطوقة من خلال الاستفادة من البقايا السمعية التي تتطلب تدريباً إضافة إلى قراءة الشفاه، وتعتمد هذه الطريقة على:

أ- التدريب السمعي: استغلال البقايا السمعية بشكل مثمر والطريقة فاعلة مع ضعاف السمع البسيط والمتوسط ويتم التدريب من خلال اخصائي بالتدريب السمعي.

ب- قراءة الشفاه (أو قراءة الكلام): وهي طريقة قراءة الشفاه، وهي عبارة عن فن معرفة أفكار المتكلم بملاحظة حركات خمسة وهي أيضاً عبارة عن فهم أو ترجمة الرموز البصرية من خلال حركات الفم والشفاه الصادرة وكذلك يمكن الاستعانة بالإيماءات والتغيرات التي تطرأ على الوجه أثناء الكلام. ويمكن التدريب على ذلك من خلال أخصائي التدريب السمعي.

ثانياً: الطريقة اليدوية: والتي تتضمن:

أ- لغة الإشارة (Sign Language) باستخدام اليدين والأصابع وهي طريقة شائعة للتعبير بالحركات والإشارة عن الأفكار والمفاعهيم، وهي طريقة ملائمة في تعليم الصغار.

ب- التهجئة بالأصابع: وهي استخدام نظام الأصابع ووضعها بأشكال مختلفة كل شكل له معنى ودلالة لحرف خاص من الحروف الهجائية، وهي طريقة مستخدمة في مراكز ومؤسسات ضعاف السمع والصم لتهجئة الأسماء ولا تستخدم بالحديث.

ج - التواصل الكلي: وهي الطريقة التي يراها بعض المختصون بأنها الطريقة الأفضل في تعليم الصم، والظاهر أن الطريقة الكلية تسهل عملية التعليم وخصوصا عند الصغار من المعاقين سمعياً كما تزيد من انتباههم، كما أن التواصل الكلي يفتح أمام الطفل أبواب لاختيار المناسب بالنسبة للطفل لأنها تشمل الكلام ولغة الإشارة والتعبيرات الوجهية والجسمية والتهجئة بالأصابع.

ويفضل أن يتعلم أسر الأطفال وأولياء أمورهم هذه الطريقة كونها تشمل على مهارات مختلفة من التواصل تساعد الطفل وتعينه على تحسين قدرته على النمو اللغوي الممكن.

شكل يبين أجزاء العين

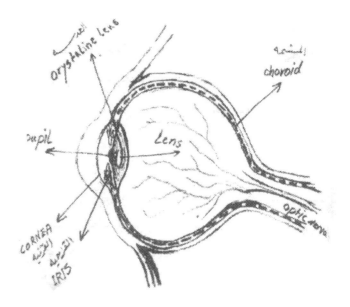

الإعاقة البصرية

تعد ظاهر الإعاقة البصرية قديمة في التاريخ كظاهرة وواقع، ولقد عرضنا الموقف في التاريخ للحضارات القديمة والدول وكيف كانت النظرة الدونية للمعاقين عموماً، فلأعمى لا حياة له في المجتمعات البدائية كونه غير قادر على العيش على الصيد والقنص وتوفير أبسط مستلزمات الحياة اليومية وخصوصاً بمجتمعات الرعي والحروب القديمة غير أن التاريخ أشار أيضاً (هوميروس اليوناني) الأعمى صاحب أشهر ملحمة في التاريخ والذي كتب الإلياذة لسبعة قرون قبل الميلاد، وغيره من المشاهير. اليوم الدكتور طه حسين عميد الأدب العربي الكبير (انظر قائمة بأشهر المعاقين).

ولربما كانت المجتمعات اللاحقة من تكوين حضارات الشعوب أكثر عطفاً ورعاية للمكفوفين حيث أتيحت لهم فرصة إثبات الدور الاجتماعي والقدرة على الحياة والعمل.
العين وما هي أجزاؤها مدخلاً للإعاقة البصرية:
تتكون العين من ثلاث طبقات وهي:

أ- الطبقة الخارجية وتتضمن:

1- القرنية (Cornea):وهي الجزء الشفاف الخالي من الأوعية الدموية تغطي القزحية وتحميها وتحمي بؤبؤ العين (الحدقة) وظيفتها كسر الأشعة الضوئية لغرض تركيزها على الشبكية عبر الحجرة الأمامية للعين.

2- الصلبة (Sclera): وهو الجزء الأبيض الاملس الذي يحيط بالشكل الخارجي بالقزحية وظيفته الأساسية هي حماية الأجزاء.

ب- الطبقة الوسطى وتتكون من:

1- القزحية (Iris): وهي قرص ملون توجد بين القرنية من الأمام والعدسة البلورية خلفاً وظيفتها ضبط مقدار الضوء الداخل إلى الشبكية عن طريق التحكم بفتحة صغيرة تسمى بؤبؤ العين (الحدقة).

2- الحدقة (Pupil): وهي فتحة صغيرة متوسطة القزحية تتحكم في الضوء الداخل إلى الشبكية متن خلال التكيف مع الأشعة الضوئية فهي تتسع إذا كانت الأشعة الضوئية منعدمة أو قليلة وتصغر إذا كانت الأشعة الضوئية عادية أو عالية.

3- العدسة (Lens): وهي جزء شفاف بلورية محدبة تقع خلف القزحية وأمام الجسم الزجاجي، تستقبل الأشعة الضوئية من القزحية وظيفتها الأساسية هي تجميع الأشعة وتركيزها على الشبكية.

4- الجسم الهدبي: يقع بين القزحية من الأمام والمشيمة من الخلف، وظيفته إفراز السائل المائي وتسهيل صرفه.

5- المشيمة: طبقة تتميز بكثافة صبغتها الملونة مما يؤدي إلى جعل باقي العين معتماً، وتتكون من ألياف مرنة وأوعية دموية مرتبطة بعضها ببعض من خلال نسيج ضام تقع بين الصلبة في الظاهر والشبكية في الداخل.

6- الطبقة الداخلية : الشبكية (Retina): وهي طيقة عصبية تتكون من عشر طبقات من الخلايا والألياف العصبية وفيها مستقبلات الضوء وهي المخاريط التي تكون مسؤوليتها الرؤية النهارية وعددها (7 ملايين) والعصى التي تكون مسؤوليتها الرؤية الليلية وعددها حوالي (130) مليون.

آلية البصر:

لسهولة معرفة عمل العين يمكننا اتباع الخطوات التالية لمسار الأشعة الساقطة على العين:

1- تستلم القرنية الضوء وتعمل على انكساره --- فيمر بالبؤبؤ الذي يتحكم بكمية الضوء--- ثم يصل إلى العدسة حيث تجمع الضوء وتركيزه على الشبكية عبر السائل الزجاجي حيث ينكسر الضوء --- ينتقل عن طريق الألياق العصبية --- العصب البصري ينقلها إلى المح (الفص الخلفي) الذي يترجم الشفره إلى إبصار بعد دمج الصورتين لكلا العينين ليكون صورة واحدة.

الإعاقة البصرية:

التعريف القانوني للإعاقة البصرية يشمل الكفيف وضعاف البصر حيث يعرف الكفيف هو الشخص الذي لا تزيد قوة إبصاره عن 60/6 (ويستخدم أيضاً مقياس 200/20) بعد التصحيح.

أما ضعيف البصر: فهو الشخص الذي تتراوح قوة الإبصار عنده ما بين 70/20 في أحسن العينين وباستخدام المعينات البصرية.

ولتفسير نسبة 60/6 أو 200/20 تعين أن الفرد المعاق بصرياً يمكنه رؤية الشيء على بعد 6 متر في حين يراه الاعتيادي من على بعد 60 متر وكذلك للنسبة 200/20 والذي يراه المعاق بصرياً على بعد 20 يراه الاعتيادي من على بعد 200م.

ويعرف الكفيف تربوياً: هو الفرد الذي يعتمد على طريقة برايل في القراءة والكتابة.

ويذهب آخرون إلى تعرف الكفيف بأنه الفرد غير القادر على قيادة نفسه في بيئة غير التي يعيش فيها وذلك بسبب انعدام قدرته على الإبصار كلياً أو جزئياً.

وتعد الإعاقة الناتجة عن ضرر يتعلق بالبصر المركزي والتكيف البصري وانكسار الضوء هي أكثر الإعاقات شيوعاً، لقد قدمت برامج التربية الخاصة للمكفوفين الرعاية التروية والتأهيلية من خلال تحسين أساليب رعايتهم وتدريبهم وتدريسهم حتى استطاعت أعداد من فاقدي البصر من الوصول لأعلى المراتب التحصيلية والعلمية والثقافية والفنية والرياضية أيضاً.

جاء كل ذلك بفضل قدرة التربية الخاصة على تطوير برامجها وتعزيز إمكانياتها في استخدام أحدث الأجهزة الالكترونية على تطوير برامجها وتعزيز إمكانياتها في استخدام أحدث الأجهزة الالكترونية عالية الحساسية كمعينات لها دورها الإيجابي في تحسين ظروف وحياة المكفوفين.

أما بالنسبة للمعاقين بصرياً فيحتل ضعاف البصر النسبة الأكبر بين المكفوفين كما تختلف هذه النسب بين دولة وأخرى حسب درجة التقدم الحضاري، وقد تختلف النسب أيضاً في البلد الواحد بين مدينة وأخرى حسب التقدم الحضاري والصحي والثقافي لتلك المدينة.

أسباب الإعاقة

تصنف أسباب الإعاقة وحسب الفحوصات الطبية والمختبرية المستخدمة للأجهزة الالكترونية إلى :

1) أسباب وراثية - جينية
2) أسباب سوء التغذية والإصابة بالأمراض وخصوصاً الإصابة بالحصبة الألمانية للأم الحامل في الثلاثة أشهر الأولى.
3) أسباب بيئية: وخصوصاً عندما تكون البيئة ملوثة بالميكروبات والجراثيم التي تسبب في التراخوما والرمد والماء الأزرق (Glaucoma) والماء الأبيض (Cataract) والتي تسببها لالزيادة الحادة في الضغط الداخلي للعين مما يؤدي إلى تلف الخلايا العصبية ويمكن أن يصاب بها الصغار والكبار.

4) إصابة الشبكية الناتج عن الإصابة بمرض السكر الذي يؤدي إلى حدوث نزيف في الأوعية الدموية وقد يؤدي إلى ضعف العصب البصري.

أما الاصابات الشائعة في العين والتي تحصل حركتها غير الطبيعية بسبب خلل في توافقيه أداء أجهزة العين الداخلية منها:

- الحول (Strabismus): ينتج عن خلل يصيب عضلات التحكم بحركة العينين فيعيق عملها بشكل طبيعي بحيث لا تتحرك العينان معاً بنفس الحركة، والحول يكون إما للداخل ويسمى (Esolropia) أو للخارج ويسمى (Exotropis) وللمعالجة يمكن استخدام العدسات التصحيحة.
- البهق (Albinism) خلل في العين يحصل بفعل قلة أو انعدام الصبغة التي تساعد على امتصاص الضوء لحظة وصوله الشبكية ومن مظاهر البهق الشعر الأبيض والعينان الزرقاوين والحساسية المفرطة للضوء نتيجة شحوب القزحية وعدم منعها للضوء الزائد من دخول العين مما يتطلب وبشكل ضروري استخدام النظارات الشمسية أو الطبية. وتكون درجة الإبصار عند المصاب ما بين 70/20 أو 200/20 وقد يرافق ضعف البصر طول أو قصر النظر وغيره أيضاً.
- لتهابات الشبكة الصبغي: وهو خلل بالعين يصيب الذكور والإناث ويعاني المصابون بهذا المرض بالعشى الليلي وضعف البصر، وقد يكون الوراثة إحدى أسباب الإصابة.
- التراخوما (Trachoma) مرض العين بسبب الإصابة بالجراثيم وعدم النظافةو ويبدأ بالتهاب الملتحمة مما يؤدي إلى رهاب الضوء وزيادة الدمع وقد يؤدي إلى العمى إذا أهملت معالجته الطبية.
- الرمد: والإصابة بالرمد لعين واحدة أو الإثنتين بسبب قلة النظافة أو التعرض للجراثيم أو الخدوش نتيجة الإصابة، ويؤدي ذلك إلى التهاب وتقيحات قد يؤدي إلى العمى بحالة إهمال المعالجة الطبية السريعة ومن أعراضه إحمرار العيم والحكة والإفرازات والتصاق الجفنين.. الخ.

قياس وتشخيص الإعاقة البصرية

كما تقدم ذكره فإن التشخيص للأمراض والإصابات والعاهات يعد أمراً مهماً لتصنيف حالة الإصابة أو العاهة لغرض العناية والرعاية الطبية أو النفسية والصحية.. ويعد الكشف المبكر او التشخيص المبكر للإعاقة البصرية عاملاً حاسماً في الحد من تفاقم الحالة الصحية للعين أو لتصنيف مستوى الضعف فيها لمعالجتها أو لغرض تحديد أساليب وطرائق لرعاية هذه الفئة ضمن برامج التربية الخاصة.

والكشف والرعاية المبكرة للأطفال تبدء من الأسرة وتحديداً أولياء الأمور التي يتحتم عليهم ملاحظة صحة عيون الطفل الرضيع صعوداً ولغاية دخول الطفل للروضة أو المدرسة حيث يشاركهم الاهتمام المعلمون والمدرسون من خلال ملاحظة بعض الأعراض والمؤشرات التي تظهر على الطفل مثل إحمرار العين أو انتفاخها أو كثرة الدمع أو الارتجاف غير الطبيعي في العيون وعدم توافق حركتها عند تعرض الطفل للضوء أو أشعة الشمس وكذلك مراقبة حك الطفل للعينين غير الطبيعي وغيرها..

وتقع على المعلمين وأولياء الأمور أيضاً مسئولية مراقبة الطفل أثناء القراءة والكتابة أو مشاهدة التلفاز أو النظر إلى السبورة داخل الصف حيث ينفع ذلك كثيراً في تأشر حالات ضعف البصر أو مشكلاته وإحالة الحالات إلى الطبابة المختصة للمعالجة وتقرير الحالة.

أهم المقاييس والاخابارات المستخدمة مع الاعاقة البصرية

يراعى في الغالب عند فحص أية إعاقة من قبل طبيب مختص الكشف والسؤال عن احتمال وجود خلل أو إعاقة أخرى مرافقة ، وبالأخص لإعاقة البصر حيث يتم التأكد قبل أي اختبار من سلامة حاستي السمع واللمس خصوصاً ومن هذه الاختبارات:

1- اختبارات بيركنز لذكاء المكفوفين.
2- اختبار التعلم (القابلية)
3- اختبار الذكاء اللمس للمكفوفين.
4- اختبار ستانفورد كوخ لتصمصم المكعبات.
5- اختبار فروستنج للإدراك البصري (لضعاف البصر)
6- مقياس بندر للإدراك الكلي.
7- مقياس الإدراك البصري الحركي.
8- مقياس بيري كمنيكا للتآزر البصري الحركي.

تمثل هذه الاختبارات والمقاييس في استخدامها من أجل التربية الخاصة فعلاً علمياً وعملياً إنسانياً بالدرجة الأولى لكونها تعين التربية الخاصة على تنفيذ رعايتها التربوية والعلاجية والتأهيلية للمكفوفين ولضعاف البصر.

أثر الاعاقة البصرية على الإنسان

إن أهمية البصر عند الإنسان والحيوان على حد سواء تشكل كغيرها من الحواس الخمس أهمية كبيرة للإنسان لتأكيد وجوده فاعلاً مؤثراً بمجتمعه بدءاً من أسرته وبيئته الأولى..

وحاسة البصر بالذات تلعب دوراً هاماً في حياة الإنسان العامة والخاصة اليومية لأن تأثيرها الكلي أو الجزئي ينسحب سلباً على شخصية الأعمى سواء أكان كفيفاً للبصر أو ضعيفاً للبصر ويظهر ذلك في سلوكه العقلي والانفعالي والاجتماعي والحركي فسمات مثل ضعف الثقة بالنفس وعدم الشعور بالأمان والميل إلى العزلة والانطواء والتردد والانفعال والشعور بالفشل والاحباط وغير ذلك جميعها سمات مميزة لسلوك الكفيف.

والتربية الخاصة وما تقدمه من برامج وأساليب خاصة تعمل على فتح آفاق جديدة من خلال طرائقها أمام الكفيف تقلل من حدة هذه السمات وتحسن من فرص استثمار حواس الكفيف الأخرى لأغراض التأهيل والتعليم والتدريب وفتح آفاق دخول الكفيف لحياة المجتمع كعضو نافع ودور يثير الاهتمام والتقدير في بعض مجالات الحياة كالفنانين الكبار من العازفين الموسيقيين والشعراء وحملة الشهادات العليا من المكفوفين. حيث يشير التاريخ الإنساني إلى من تحدى منهم إعاقتهم البصرية فنافسيوا المبصرين في ميادين شتى.. ولقد تعول للتربية العامة اليوم كثيراً على مناهج وبرامج التربية الخاصة لسد احتياجات ذوي الاحتياجات الخاصة.

يمكن تقسيم أثر الاعاقة البصرية إلى:

1- أثر الإعاقة البصرية في الجانب العقلي.
2- أثر الإعاقة البصرية في الجانب الإنفعالي.
3- أثر الإعاقة البصرية في الجانب الاجتماعي.
4- أثر الإعاقة البصرية في الجانب الحركي.
5- أثر الإعاقة البصرية في الجانب اللغوي.
6- أثر الإعاقة البصرية في الجانب التحصيلي والأكاديمي.

والتربية الخاصة تهتم في برامجها بتأهيل المكفوفين وضعاف البصر من جميع الجوانب وعلى النحو الذي يخدم تكيف الكفيف للحياة بالمجتمع ولممارسة دوره كفرد مؤثر بما حوله وهو الأمر الذي يمنحه ثقة بالنفس وجرأة ويخفف عليه الضغوط النفسية والانفعالية.

والتحصيل الأكاديمي يتأثر بشكل كبير بحالة حاسة البصر لأنها من الحواس المهمة التي تسهل على التربية الخاصة تحقيق أهدافها، وللفائدة نذكر الحواس ودرجة مساهمته[1]

حاسة البصر 83%

حاسة السمع 11%

حاسة الشم 3.5%

حاسة اللمس 1.5%

حاسة الذوق 1%

ويذكر في الدراسات العلمية إلى أن نسبة التذكر لما سبق أن تعلمه التلميذ تختلف باختلاف الحاسة فيمكن أن يتذكر:

10% مما قرأه

20% مما سمع.

30% مما شاهده

50% مما شاهد وسمع بنفس الوقت.

فأثر ضعف البصر أو فقدانه كبير على قدرات التعلم لدى الطفل لذلك يكون له تأثير على تحصيله وقابليته في التفكير والتخيل والحركة.

والمعروف في التربية الخاصة أن الظروف والمعاناة عند الطفل الكفيف هي أحد أهم ما تستهدفه التربية الخاصة بالعناية والرعاية والتأهيل المهني والفني.. فالكفيف يعتمد على المسموع – سواء أكان من أفراد أو أشرطة التسجيل وعلى ما هو مكتوب بطريقة برايل أما ضعيف البصر فيحتاج إلى كتابة الحروف بحجم كبير يسهل القراءة.

أما الحاجات الشخصية والتربوية للطفل الكفيف فتعتمد أساساً على مقدار سرعة وحجم ونوع وسهولة ما تقدم التربية الخاصة من برامج كافية لتغطية حاجات الكفيف الشخصية ورغباته منطلقاً لتحقيق ميوله ورغباته.. وهو يحتاج إلى العناية الكافية والمتوازية بالحواس الأخرى.

[1] : صبحي خليل عزيز – أصول وتقنيات التدريس والتدريب، العراق بغداد 1985 الجامعة التكنولوجية ص 263-264

الفصل الرابع

1- الإعاقة الجسدية
2- المعايير في تمييز السلوك السوي وغير السوي

الإعاقة الجسدية

تذكر الإعاقة الجسدية في بعض المصادر الأجنبية لوحدها باعتبارها إعاقة صحية بنفس الوقت، وفي بعض المصادر العربية تذكر الإعاقة الجسدية الصحية، وكلا المسميين دال وصحيح في توصيف الحالة.

كما يختلف المختصون في تعريف هذا النوع من الاعاقة فمنهم من يجد ضررها على أداء كامل الجسم أو في بعض أجزاءه لكنها معيقة لاتمام الحركة الإنتقالية فعلاً أو عمله المعتمد على اليدين أو بعض أجزائها.. وآخرون يجدونها إعاقة تتسبب في الجوانب عدم الاتزان الانفعالي أو الاجتماعي أو الأكاديمية محدثة خللاً كلياً أو جزئياً مقارنة بالفرد ذو العاهة الجسدية بأداء أقرانه أو كفائتهم في اللعب أو العمل او التعلم... وهي إصابة متنوعة في حجتها وأسبابها في تسبب به هو:

1- إصابة الأم الحامل بالأمراض الحادة أو العادات السيئة كالتدخين أو تناول المسكرات والمخدرات.
2- ما تنقله الجينات الوراثية.
3- إصابة الفرد بحوادث طارئة أثناء السير أو اللعب.
4- إصابات الحروب وآثار أسلحة التدمير الشامل.
5- العادات غير الصحية والسليمة بالوقوف أو الجلوس أو حمل الأوزان.
6- إهمال الفرد القيام بالتمرينات الرياضية عموماً والخاصة بتقويم الجسم.

إن هذه الأسباب وغيرها كالتي تحصل بفعل قلة الحركة وعدم انتظامها الحاصل في المجتمعات المتقدمة والغنية حيث تستخدم الآليات ووسائل النقل والتنقل وللدرجة التي تقي فيها حركة الإنسان وزيادة الوقت الذي يمضيه على الأريكة الوفيرة المريحة لأوقات العمل والدوام الرسمي وغيرها.. يتسبب كل ذلك في حدوث الإصابات أو الآلام المعقبة للحركة الضرورية مثلاً.

وهو الأمر الذي يسهل فيه اعتلال صحة الفرد نتيجة اعتلال بعض أجزاء جسمه كآلام العمود الفقري أو الفقرات القطنية أو العنقية أو ضعف بعض العضلات وارتخاء الأعصاب بفعل السمنة وعدم إتزان قوام الإنسان هذه وغيرها تتسبب في مشكلات صحية - جسدية تحتاج لرعاية خاصة واهتمام تربوي - علاجي للقصور الجسمي وللمشاكل الصحية بنفس الوقت.

لذا فقد اهتمت التربية الخاصة بهذا النوع من الإعاقة الجسدية اهتماماً كبيراً وأعطت برامج التأهيلي البدني - الحركي أهميته لما له من أثر يعين ويخدم في برامج تأهيل المعاقين عموماً،

كما أدخلت الرياضة والتمارين البدنية كأحد وسائل وطرق المعالجة البدنية والنفسية ببرامجها ومراكزها للتعليم والتأهيل والتدريب.

تصنيف الاعاقة الجسدية

يصنف الأطباء والمعالجين البدنيين أنواع الإعاقة الجسدية لوحدها أو بمرافقتها عاهات أخرى (مركبة) تصنف حسب درجة الحالة الصحية الناتجة عنها كأعاقة لوحدها أو كجزء من إعاقة أخرى مثال إعاقة التخلف العقلي أو البصري وغيرها وفي كل الأحوال يصنف الأطباء الإعاقة الجسدية وفق ما يلي:

أولاً: الاضطرابات العصبية (إصابات الجهاز العصبي المركزي) كالشلل الدماغي، وأضرار الحبل الشوكي والصرع وأضرار العمود الفقري والتصلب والاستسقاء الدماغي.. الخ.

ثانياً: الاضطرابات الصحية: مثل أمراض القلب والربو والسكري والسل الرئوي.. الخ.

ثالثاً: الاضطرابات العضلية والعظمية: مثل هشاشة العظام والتهاب المفاصل والمرافق والتشوهات الخلقية والكساح والضمور العضلي والحدب والبتور والتهابات الورك .. الخ.

وتشكل الاضطرابات العصبية حدودا جسدياً عند الأفراد المصابين بالشلل الدماغي ودرجات اضرار المخ والتي تؤثر على حركة الفرد.

وكذلك الصرع وأنواعه ونوباته، والصرع تغيير مفاجيء غير عادي في النشاط الكيميائي الكهربائي للمخ يؤدي لفقدان الوعي أو الغيبوبة وتشنج عصبي يدفع الفرد إلى حركات غير طبيعية واضطرابات حسية وجسمية لذلك يعتمد علاج الصرع على الطرق التالية:

1- العلاج الطبي: ويعتمد على الأدوية التي يوصي بها الأطباء.
2- العلاج النفسي: ويركز على الإرشاد النفسي - التربوي.
3- العلاج الاجتماعي: ويركز على دفع المصاب بالاشتراك بالأنشطة الاجتماعية.
4- العلاج السلوكي: ويستخدم أساليب تعديل السلوك إن كان سبب الصرع نفسياً.

أما أمراض شلل الأطفال بأنواعه ودرجاته المختلفة فيعطى اهتماماً طبياً بالغاً بسبب كونه من الأمراض التي تسببها الفايروسات الصغيرة جداً والتي تشخص بالمجهر الالكتروني وهي تتسبب في تلف الخلايا الحركية في النخاع الشوكي[1].

---

[1] : فؤاد أبو حطب: القدرات العقلية ط1 1974م - القاهرة ص 372.

أما الاضطراب الحاصل نتيجة التهاب النخاع الشوكي أو الدماغ ففي الغالب يتسبب بضرر لقدرات الإنسان الحسية - الحركية - الادراكية - وتظهر واضحة بضرر قدرات الاحساس الحركي والتي هي:

1- الإحساس العضلي.
2- الإحساس بالتوتر.
3- الإحساس المفصلي.
4- الاحساس الإستاتيكي.

التربية الخاصة: البرامج التربوية للمعاقين جسدياً وصحياً

كما هو شأن التربية الخاصة وبرامجها مع الفئات الخاصة من ذوي الاحتياجات من حيث الاعتماد على التشخيص للعاهة وتصنيف درجتها وهي القاعدة الثابتة التي تستند عليها خدمات وبرامج التأهيل الخاص البدني والصحي.

كما تتحدد مناهج الخدمة الخاصة وفقاً لذلك تحدد التربية الخاصة مركز التأهيل المناسب كأن يكون مركز تدريبي أو تأهيل أو علاجي أو تعليم، كأن يكون صف خاص أو مدرسة خاصة أو صفوف ومدارس مختلفة مع الاعتياديين من التلاميذ، ومثلما تحتاج مناهج التربية الخاصة إلى التقويم والتعديل وفق حالات تقدم تغيير حالة المعاق فإن المنهاج تقوم وتعدل.

وفي مثل حالة الإعاقة الجسدية فقد تتطلب المعالجة والرعاية الإقامة الداخلية داخل مؤسسات التربية الخاصة مثل حالات الشلل الدماغي سيما الشديدة منها حيث تسبب تلف خلايا المخ شديد الضرر أو حالات التصلب المتعدد والضمور العضلي الشديد حيث تحتاج إلى عناية مركزة ومستمرة وأخرى قد يكون التركيز فيها على الجوانب الحركية أكثر من الجوانب التي تتطلب اهتماماً أكاديمياً تعليمياً وفي مثل هذه الأحوال تكون الإقامة الدائمية أمراً مطلوباً، لذا يتوجب أن تكون طرائق وأساليب التعليم خاضعة إلى تكييف ملائم.

ويرى بعض المختصين بالتربية والتعليم للخواص في ضرورة تحديد استراتيجيات تكيف بموجبها أساليب ومناهج تدريس ذوي الغعاقات الجسدية والصحية والتي يجب أن تعمل وفق معايير وخطوات عمل تعليمي مناسب وكالآتي:

أولاً: تكييف المنحنى التعليمي وحسب الخطوات التالية:

أ- تجزئة الهدف إلى خطوات بسيطة ممكنة التحقيق بيسر.
ب- تعديل التعليمات أو المعززات.

ج- التحكم بالوقت لتعليم المهارة.

د- تعديل المعيار.

ثانياً: تكييف الأسلوب.

ثالثاً: تكييف المواد والوسائل.

رابعاً: تكييف المعدات والأدوات المعينة.

أهم خدمات مراكز الاهتمام بالإعاقة الجسدية والصحية:

يتضح من نوع الخدمات وتصنيفها بأن لها اتجاهين مهمين وأساسيين هما:

1- خدمات العلاج الطبيعي: وهي خدمات طبية تأهيلية يقوم بها مختصون بالعلاج الطبيعي وبإشراف أطباء متخصصين قادرين على تقييم حالة الطفل بتقارير ومعلومات دقيقة عن حالة المعاق تستند على معلومات الأسرة والمعلمين وبيئة الطفل إضافة إلى الفحوصات الطبية والمختبرية وتقدم للمعالج العضلات والأعصاب والقدرة الحركية المتناسقة للمفاصل إلى غير ذلك من ضرورات إحاطة المعالج الطبيعي بها لتسهيل مهمة صواب عمله العلاجي.

أما أهم ما يقدمه المعالج من خدمة من خلال برنامج للتمرينات البدنية المقننة من حيث الشدة والتحمل والتكرار أو الوقت المناسب، أو أن تكون الخدمة بشكل يعتمد على المساج والتدليك أو استخدام الماء لأغراض المساج، كما تعد خدمات العلاج بالحرارة والكهرباء والماء (مختلف درجة الحرارة) أحد أهم الطرق في العلاج لمثل هذه الإعاقات.

2- خدمات العلاج الوظيفي:هو العلاج الذي تنمى بموجب تطبيقاته ذات القدرة المقننة على أداء المهارات اليومية باستقلالية الحركة وذلك من خلال أنشطة حركية مقصودة (تمارين) تهدف إلى تقوية التوافق العضلي العصبي عند المعاق وبما يخدم الأهداف التعليمية – التأهيلية أو التدريب على القيام بعمل مهني أو حرفي معين.

3- خدمات العلاج الوقائي: والمقصود به عرض نوعين من الخدمات العلاجية يعطي الدارسين أهمية الخدمات وبنفس الوقت يسهل على المعاق وأسرته تطبيق ما يمكن تطبيقه يومياً كعلاج وقائي للمحافظة على سلامة القوام الجسمي ولتنشيط أعضاء الجسم وللراحة النفسية والترويح كذلك. حيث يخلق هذا الأداء الطوعي عادة صحية سليمة تقلل من احتمالات قصور أداء أعضاء الجيم أو قد يعالج بعض عاهات الجسم

الناتجة عن العادات السيئة في الوقوف والجلوس وحمل الأوزان وخصوصاً عند الأطفال.

ومن خلال التطبيقات العملية لمؤلف الكتاب ومشاركته في التدريب والتأهيل بالتربية العلاجية – وارشو A.W.S تبين أن بعض أدوات وتجهيزات وأنشطة العلاجية ممكنة عند توفر الكلفة المعقولة أن توفر في البيوت وتستخدم لأغراض العلاج الطبيعي وتسمى (الغيزيوتربيا) ومنها:

1- الساونا: أو الحمام التركي أو السويدي واعتمادها على الحرارة جو الحمام أو الرطوبة الناتجة عن تسخين الماء.

2- دوش الحمام: عند زيادة حدة ضغط الماء النازل عنه مع تنوع مستويات حرارة الماء وبرودته وهذا ما يسمى بالعلاج بالماء البارد والساخن.

3- حوض الاغتسال (البانيو): بعد ملئه بالماء وحسب الدرجة المطلوبة من البرودة والحرارة.

4- استخدام خرطوم الماء: بتوجيه الماء من مسافة مقبولة التأثير على العقد الشخمية بجسم الإنسان.

5- السباحة بانتظام في المسابح وفق برنامج علاجي – تدريبي وتسمى هذه الأنواع من المعالجة باستخدام المياه بعلاج (الهيدروتربيا).

6- استخدام الرمل: بتغطية الجسم كاملاً من وضع الاستلقاء وفي ساعات تكون حدة الشمس فيها مناسبة بين الساعة 10-12.5 صباحاً (بعد الظهر).

7- استخدام الطين الأحمر لفترات محددة لمعالجة الآلام العضلية.

صعوبات التعلم
(بطيء التعلم)

يعد بطيئو التعلم للوهلة الأولى وصفاً بسيطاً للأطفال الذين لا تؤثر عليهم عمليات الحفظ والقراءة والكتابة والحساب إلا تأخراً أو ضعفاً قياساً بأقرانهم داخل الصف أو المدرسة وحتى في البيت.. وقد يشكو أولياء الأمور من صعوبة تعلم أبنائهم ويعزون ذلك ببساطة إلأى رغبة الأبناء في اللعب أو مشاهدة التلفزيون على حساب تحضير الواجب المدرسي ومراجعته وقد يجد الآباء المتعلمين والمثقفين أن مشكلة غير بسيطة يعاني منها أبناءهم قد تكون بسبب تعرضهم للأمراض أو بسبب ضعف أداء معلميه إلى غير ذلك.. تدعوهم أي الآباء لمراجعة الإدارة المدرسية ومرشدي الصفوف (التلاميذ) بالمدارس للوقوف على الحالة حاملين معهم أفكارهم وتحليلاتهم حول ظاهرة ضعف أداء أبناءهم وحفظهم لدروسهم ويقارنون ذلك بأبناء زملائهم في العمل أو المصنع أو المجمع السكني.. ويثير هذا الاهتمام آباء التلاميذ غير الأسوياء (المصنفة عاهاتهم) وآباء الأطفال الأسوياء أيضاً تكون مثل حالات بطأ التعلم التي تظهر عند الأطفال الأسوياء والمعاقين أيضاً.

لذا تعد صعوبات التعلم من الموضوعات المهمة لتي تشغل علماء النفس التربوي والتربية الخاصة وكذلك الأطباء وعلماء الاجتماع والوراثة أيضاً، لذلك نجد الاتجاهات متنوعة في الوصف للحالة وفي تصنيفها أيضاً لماء يتضمنه هذا المصطلح من أبعاد صحية وعقلية ونفسية وبدنية.. فهي مظاهر شائكة ومتداخلة.. فقد تكون الصعوبة الموجودة عند هذا الطفل في تعلم وحفظ مادة دراسية هي غيرها عند الآخرين في نفس العمر والمستوى، لذلك تعد مشكلة شائكة ومربكة ومشتركة مع فئات أخرى مصنفة وفقاً لمناهج وبرامج التربية الخاصة.

أما نظرة المختصين فتختلف بين الأطباء الذي يجدون بذلك سبباً طبياً - فسيولوجياً يتعلق بوظائف الدماغ وكفاءة الأعصاب في حين يرى أخصائيوا التربية الخاصة أن الأمر يتعلق بصعوبات ناتجة عن مستوى القدرات العقلية للطفل من حيث النمو والنضج قياساً بالأقران.

في حين يرى الأخصائي النفسي أن الأسباب تعود إلى اضطراب العمليات النفسية الأساسية مما يؤثر في التحصيل الأكاديمي.. وعليه، جاء تعريف بصيئو التعلم معبراً عن وجهات نظر صحيحة وإن اختلفت في الاتجاه.

ويرى المؤلف أن تعريف بطيء التعلم: (هو الطفل الذي بفعل قدراته العقلية والنفسية والصحية يعاني من صعوبات في اكتساب مهارات الإصغاء والحفظ والكلام والكتابة والحساب

قياساً بأقرانه من الأطفال بنفس العمر والمستوى الدراسي والبيئة التعليمية، كذا يصنف ضمن أطفال ذو الاحتياجات الخاصة بدقة وعناية).

طرق تشخيص صعوبات التعلم

تشير دراسات التربية الخاصة إلى أن هذه الفئة من أكثر فئات التربية الخاصة شيوعاً، فقد استخدمت محكات لتحديد أطفال بطيء التعلم كفئة وكمستويات.

أ- كشف التباين: وتعني التباين بين قدرات الفرد الحقيقية على الأداء، أو التباين في الوظائف النفسية واللغوية، فقد يكون النمو الطبيعي في وظيفة ما ومتأخر بجانب آخر. ومثال على ذلك: نمو الطفل في الجانب الحركي نمواً طبيعياً لكنه يعاني من قصور نموه في اللغة، إذ يكون التباين في المستوى التحصيلي والقدرة العقلية وفي القدرة على التعبير اللفظي أو الكتابي أو مهارات - القراءة أو الحساب..الخ.

ولا بد للدارس وللمعلم التعرف الجيد على مقاييس القدرة العقلية ومستوى التفكير الابداعي إضافة إلى المعرفة الدقيقة بالميول والرغبات والدافعية.

ب- كشف الاستبعاد:وهي حالة تشخيص دقيق لصعوبات التعلم للفصل بين بطء التعلم وأية إعاقة أخرى أو تحديد الفصل أو درجة العلاقة لدى الطفل بين الإعاقة العقلية أو الإعاقة الانفعالية المشتركة مثلاً. أو قد يرافق مثلاً صعوبة التعلم إعاقة بصرية أو حسية أو سمعية وغيرها لذا تظهر أهمية دور التربية الخاصة بذلك لتحديد الإعاقة بدقة لوضع برامج العلاج والتأهيل بضوء ذلك ولمعالجة الإعاقة المرافقة بنفس الوقت.

ج- مقاييس التربية الخاصة: لا شك في أن التعامل مع الأطفال ذوي صعوبات التعلم يدخل ضمن برامج ذوي الاحتياجات الخاصة والرعاية المباشرة وذلك لتعقيد الصعوبات لدى هذه الفئة إذا دمجت مع أقرانهم الأسوياء، لذا تعتبر طرق ومقاييس التربية الخاصة منهجاً خاصاً ضامناً لتطوير قدرات أطفال صعوبات التعلم، حتى في حالات تقديرها التعليم الفردي أسلوباً لتعليم أطفال بطيئ التعلم.

في مثل هذه الصعوبات تدعو الدارسين في اختصاصات التأهيل لمهنة التدريس أو الإدارة التربوية إلى التمعن في كيفيات الكشف والتشخيص للتلاميذ عموماً في الصف الواحد او المدرسة وبأية درجة كانت الصعوبات فهي تفرض على المربي والمعلم

التوقف عندها لتحديد الوسائل والطرائق اللازمة للاعتماد عليها في التعليم الأوفق والأكثر نفعاً.

د-   المحك العصبي: يعد أهم المحكات للكشف عن صعوبات التعلم الناتجة عن تلف عضوي يكشفه الطبيب المختص فقط عن طريق ظهور علامات النيرولوجية (العصبية) على سلوك الطفل مما يؤثر على قدراته التعليمية التحصيلية.

تصنيف صعوبات التعلم

مما تقدم ذكره عن أطفال صعوبات التعلم من مفهوم ووصف وتداخل في تحديد العاهة ينعكس ذلك على تصنيف درجتها كونها ليست ذات مظهرواحد بل عدة مظاهر وليست بالضرورة أن تكون موجودة في فرد بذاته، كما أن درجات صعوبات التعلم مثل مظاهرها ليست على درجة واحدة بل تتأثر حسب مظاهرها وأسبابها المتعددة.

ويفضل في تصنيف صعوبات التعلم الوقوف على رأي المربين النفسانيين والاجتماعيين والأطباء والتربية الخاصة عند التصنيف الأفضل أما التصنيف التقليدي فيمكن تلخيصه بما يلي:

أولاً: صعوبات التعلم النمائية النفسية:

لا بد من النظرة المتكاملة لنشاط الطفل وأداءه حيث تعمل عمليات التذكر والانتباه والإدراك والتفكير كعمليات عقلية مهمة في عملية التعلم لا بد لها أن تعمل كمنظومة واحدة لما لها من أثر سلبي في حالة قصورها على اكتساب اللغة والمعرفة وغيرها، كما أن تأثيرها السلبي يمتد أثره على المثيرات الحسية والأجتماعية والفيزيولوجية عندما ينسحب هذا السبب ليؤثر على عمليات التمييز البصري والسمعي واللمسي والحركي أيضاً.

لذلك تعد الصعوبات النمائية النفسية عند الطفل نقطة تشخيص مهمة في الكشف عن الصعوبات وأثرها.

ثانياً: صعوبات التعلم والتحصيل:

وهي صعوبات مترتبة عن صعوبات الإنماء والقصور فالعمليات العقلية اللازمة لاتمام عملية التعلم والتحصيل لا بد لها من النضج والتكامل فالانتباه والإدراك والتذكر والتفكير عمليات ضرورية للحفظ والقراءة والكتابة والحساب وأي قصور فيها يؤدي بالضرورة إلى عدم توافق أو خلل في مستويات ذكاء وتحصيل التلاميذ.

لذا تعتبر التربية الخاصة تشخيص مظاهر الصعوبات أمراً لازماً لوضع أساليب وطرائق تعليم بطيء التعلم.

أما مظاهر بطيء التعلم فهي متنوعة وعديدة ومختلفة الحدة وتختلف من طفل لآخر وهي مظاهر ترتبط بـ:

1- تشتت ذهن الطفل نتيجة ضعف التركيز والانتباه.
2- كثرة الحركة الزائدة وعدم الاستقرار.
3- عدم التوازن في الحركة والمشي.
4- صعوبة الانتقال من مهمة لأخرى مثال الاستمرار بكتابة كلمة واحدة.
5- صعوبة القراءة والتعامل مع ما هو مكتوب.
6- صعوبة الكتابة والخطأ بترتيب الحروف أو إدراك الرموز.
7- صعوبات بالحساب والخلط في القيمة والتسلسل العددي والضرب والقسمة.
8- صعوبات في اللغة وتلفظ الكلمات وحتى السنة الثالثة من عمر الطفل.
9- صعوبات في الادراك والتذكر البصري والتركيز والتوافق البصري والحركي.
10- صعوبات في الادراك السمعي.
11- إضطراب انفعالي اجتماعي يؤدي ببعضهم للعزلة أو التعامل مع الأصغر سناً.
12- عدم الشعور بالأمن وانخفاض مفهوم الذات لديه.

أسباب صعوبات التعلم

يتضح مما تقدم أيضاً أن أسباب صعوبات التعلم هي الاخرى متعددة ومتنوعة وإن تشخيص أسبابها هي إجماع آراء المتخصصين من أطباء ونفسانيين ومرشدين اجتماعيين وأولياء أمور الأطفال وخصوصاً المتعلمين عليها.

وللأسباب مدخلين أحدهما:

1) الوراثة - يحددها المدخل الطبي وما يخصه في الجهاز العصبي.

2) البيئة - يحددها المدخل السلوكي وما تعكسه العلاقة بين الطفل ومحيطه.

ويشترك أكثر الباحثين في اسناد صعوبات التعلم إلى وجود خلل دماغي، كون الدماغ هو المسؤول عن العمليات الحيوية في جسم الإنسان هو المستقبل للمثيرات الحسية والخازن للمعلومات وتفسيرها وغير ذلك.. وقد يحدث تلف الدماغ أو إصابته قبل الولادة أو أثناءها،÷ لذلك يمكن أن تصنف الأسباب إلى :

1-أسباب ما قبل الولادة: كالاصابة بالأمراض المؤدية لاضطراب التكوين والنمو للطفل أثناء الحمل أو قد يكون خلل ناتج عن زيادة كروموسوم (x) فيصبح (xxx) وتسمى متلازمة كلاينفلتر.

كما أن سوء التغذية وتعرض الأم لأشعة إكس لها بالغ التأثير السلبي المؤدي لصعوبات التعلم.

2-أسباب أثناء الولادة: وهي عسر الولادة أو الولادة المتأخرة أو المبكرة كما أن لكبر سن المرأة أثره أيضاً، وتعد الأضرار الناتجة عن إجراءات التوليد والبيئة الصحية ونقص الخبرة الطبية والاستعدادات للولادة أسبابا تؤدي بالطفل للإصابة بصعوبات التعلم.

3-أسباب ما بعد الولاة: وهي الاصابات الناتجة عن الحوادث التي يمكن أن يتعرض لها الطفل في سن مبكرة، وكذلك سوء التغذية والتلوث والأمراض والأوبئة المعدية وغيرها يمكن أن تكون أسبابا حادة لصعوبات التعلم عند الطفل بكبره.. كما يلعب الواقع الاقتصادي والثقافي والبيئي للطفل دوراً ذا مؤثر في صعوبات التعلم.

أهمية قياس صعوبات التعلم

ينظر المختصون في التربية الخاصة إلى مرحلة القياس والتقويم بأنها مرحلة صعبة ومعقدة لما لهذه الإعاقة ذاتها من صعوبات لذلك تسمى (بالإعاقة الخفية) - فهم يضعون لها أكثر من مقياس وطريقة قياس وتقويم تبدأ من مرحلة الطفولة المبكرة حصراً للوقوف عند المشكلة وتحديدها ثم مرافقتها في التشخيص والعلاج العلمي والموضوعي[1].

ويرى (ليرنر Lerner) أن تشخيص الأطفال في سن ما قبل المدرسة هو الخطوة الأخيرة لعملية تتألف من ثلاث خطوات:

- الخطوة الاولى - تحديد الأطفال الذي يعانون من مشكلات التعلم.
- الخطوة الثانية - إجراء مسح أولي لأطفال ما قبل المدرسة لتحديد من يشك بوجود مشكلة لديهم.
- الخطوة الثالثة - مرحلة التشخيص الفردي لغرض تحديد المشكلة والعلاج.

فالكشف المبكر يؤدي إلى علاج مبكر ويعتبر الكشف الطبي أساساً للتشخيص ولوضع الأساليب النفسية والتربوية.

---

[1] قطان أحمد الظاهر: مدخل إلى التربية الخاصة 2005 دار وائل للنشر ط1، ص249 الأردن - عمان.

وتعد الأساليب الطبية المستخدمة مثل رسم الدماغ ورسم حريطة المخ، واستخدام جهاز الرنين المغناطيسي من الأساليب الحديثة والممتازة لفحص نشاط المخ والاختلافات فيه.

أما في تقييم أداء الطفل فيعتمد في التربية الخاصة على ما يلي :

أولاً: تقييم أداء الطفل:

1- معرفة حالة الطفل من حيث:

- القدرة العقلية من خلال تطبيق اختبارات الذكاء (اختبار بينيه وكسلر).
- معرفة التباين بين الأداء الأكاديمي الحاصل والمتوقع (التحصيل الأكاديمي).

2-الملاحظة المنتظمة لإمكانية الطفل على القراءة والكتابة وتوثيقها بتقارير.

3-الكشف عن مواقع القوة والضعف في تعلم الطفل لتحديد نوع المشكلات التي يعاني منها إن كانت في الاستقبال أو الفهم؟

ثانياً: معرفة الأسباب الفمؤدية لصعوبات التعلم وهي عضوية أو نفسية؟

ثالثاً: وضع الفرضيات التشخيصية.؟

رابعاً: وضع الخطط الهادفة إلى تحقيق تعليم ممكن بطرائق ممكنة ووسائل تعليمية وأنشطة متوافقة مع التشخيص وحاجة المتعلم.

أما أدوات قياس وتقويم صعوبات التعلم فهي

1- الملاحظة: وتبدأ من الأسرة وملاحظة الوالدين وتسجيلهم لما يلاحظونه بالزمن والمكان كمعلومات وتعتمد التربية الخاصة بناء على ذلك أسلوب تدريب الوالدين إضافة للمعلمين والمربين للقيام بذلك.

2- مقابلة الأطفال للحصول على معلومات مهمة من خلال المقابلة الشخصية وخصوصاً المقابلة التي تحقق أهدافاً إرشادية او علاجية وتكشف عن مؤشرات لسمات الطفل أثناء الكلام والتعرف أثناء المخاطبة.

3- دراسة الحالة: وهي التعرف على مظاهر صعوبات التعلم من خلال تزويد الأخصائي بالمعلومات المتعلقة بالظواهر المرافقة لمراحل نمو الطفل الجسدية والعقلية والاجتماعية والانفعالية والصحية مع المعلومات الخاصة بالوضع الصحي للواليدن وتاريخهم الصحي مع معلومات طبية عن ولادة الطفل وما يرافقها وغيرها.

4- اختبار التحصيل التعليمي: وهي اختبارات متخصصة مدرسية يقوم بها المختص في التربية الخاصة داخل الصف، كما أنها اختبارات لقياس مهارة واحدة أو أكثر، ويفضل مجموع اختبار أكثر من مهارة أو أن يكون التقييم كاملاً وشاملاً لحاجات الطفل.

بالاضافة إلى ذلك تتوخى التربية الخاصة وجود اختبارات تحصيل مقننة يمكن استخدامها مع أطفال صعوبات التعلم كأن تكون اختبارات للقراءة والكتابة والحساب وللاستفادة نذكر بعض من هذه الاختبارات:

− اختبار جراي للقراءة الشفهية.

− اختبار بيبودي للتحصيل الفردي.

− اختبار مونرو لتشخيص الرياضيات.

− اختبار التخصيل ذو المدى الواسع (ثلاثة اختبارات للقراءة والتهجئة والحساب). والذي يمكن استخدامه مع شرائح متنوعة في مراحل الروضة والابتدائي والثانوي.

5- اختبار القدرة العقلية: تأتي ضرورة وأهمية هذه الاختبارات من كونها ذات مظاهر مشتركة بين الاعاقة العقلية وصعوبات التعلم (كما ورد ذكره سابقاً).

6- الاختبارات محكية المرجع: وهي من أدوات التقييم غير النظامية والتي يقوم بها المعلم للحكم على المتعلم.

مثال: اتقن الطفل قراءة نص من عشرين كلمة ولم تتجاوز أخطاءه الاثنين حاصلاً على درجة 90% فيمكن عندخا أن يتبع الاختبار في المواد الأساسية لها القراءة والرياضيات،وتعتبر هذه الاختبارات غير منحازة.

وهناك اختبارات أخرى عديدة استخدمت مع الأطفال بعمر 3-20 سنة من ذوي صعوبات التعلم، مثل اختبارات القدرة النفسية (اختبار إلينوي) واختبارات الاستقبال السمعي والبصري واختبارت الترابط والتعبير والتذكر وغيرها.

كما أن هذه الاختبارات كلما صلحت للأعمار المبكرة كلما ساهمت بالكشف المبكر للصعوبات أو أسبابها المختلفة والتي تسهل وسائل العلاج وللصعوبات مثال:

1- الصعوبات النمائية: وهي صعوبات الانتباه، والذاكرة والتذكر وصعوبات الادراك وما يرافق ذلك من صعوبات بفعل الترابط كالإدراك البصري والإدراك الحركي واللمسي وغيرها.

2- الصعوبات الأكاديمية وعلاجها وهي:

- صعوبات عسر القراءة (Dylexia) ديليكسيا ولالتي تعني صعوبة الكلمة المكتوبة وقد استخدمت الأساليب التالية كطرائق علاجية منها:

أ- الطريقة الحسية الحركية: وهي استخدام أكثر من حاسة إضافية إلى الحركة لذا سميت بالطريقة الحركية وخاصة مع أطفال صعوبات القراءة. فالملموس أفضل للتعلم والفهم من غيره ويطلق على الطريقة مختصر (VAKT) وهي الحروف الأولى للحاسة المعينة فالحرف(V) يعني استخدام البصر (Visual) حيث يشاهد الطفل لكلمة المراد تعلمها والحرف (A) يمثل السمعية (Auditiory) حيث يسمع الطفل الكلمة وينطقها، زالحرف (K) وتعني استخدام الحركة (Kinesthetic) حيث تبع الطفل كلمة بحاسة الحركة والحرف (T) يمثل اللمس (Tacutual) حيث تبع الطفل الكلمة باصبعه، والطريقة تبدأ من البسيط إلى الصعب والبرامج السمعية والبصرية والشمية واللمسية والتذوقية والتي تنظر للحواس على أنها مدخلات معرفية والحركة مخرجات الطفل التي يعبر عن أفكاره ومشاعره من خلالها وتكشف عن قدرته العقلية[1].

ب- الطريقة الصوتية طريقة جلنجهام: وهي طريقة تستخدم أكثر من حاسة لتعليم القراءة والكتابة والتهجئة باستخدام الرموز الصوتية لذا سميت بالطريقة الصوتية تبدأ هذه الطريقة بتعليم الحرف[2]ثم الكلمة ثم الجملة... الخ.

ج- طريقة القراءة العلاجية: (طريقة هيج - كيرك): وهي طريقة طورت التدريبات لاستفادة الأطفال القابلبن للتعلم حيث تستخدم الطريقة الصوتية باستخدام التعليم المبرمج.

صعوبات الكتابة وعلاجها:

تعد اللغة المكتوبة شكلاً من أشكال التواصل لذا تعد مهمة جداً لدى مربي التربية الخاصة كونها مهارة للتعبير عن التراث أيضاً، وتعتبر الكتابة بعداً معرفياً معتمداً على رسم الحروف أو الكلمات وإضافة للشكل والصوت وللتعبير عن الذات الإنسانية وما يرافقها من مفاهيم ومعاني.

إن علاج صعوبات الكتابة يمكن تحديدعه وفقاً للمسببات على تنوعها وتعددها ذاتية كانت أم موضوعية بيئية أو وراثية لذا تنوعت أساليب العلاج لصعوبات الكتابة وهي:

---

[1] محمود محمد غانم: التفكير عند الأطفال تطوره وطرق تعليمية 1955 م ط1 عمان - دار النشر ص 125

[2] Helena Serozynska, Analiza metod nauki czytaniai

1- العلاج الطبي : إذا كانت أسبابها نتيجة قصور عضوي أو حسي وبضوء ذلك يتم علاجها باستخدام أجهزة تعويضية طبية.

2- العلاج الحركي: إذا كان الضعف في التوازن العصبي العضلي وعدم التوافق في الضبط والتحكم بعضلات اليد والذراع والكف والأصابع أو كيفية جلوس الطفل داخل الصف مثلاً، ويتم علاجه بتكليف الطفل بتكرار كتابة الحروف والكلمات وتصحيحها وفق نموذج يختاره المعلم يتناسب وقدرات الطفل وهكذا.

3- علاج القصور البصري: وتعتمد لذلم تدريبات تؤكد على التكرار لتحسين جوانب الادراك البصري والذاكرة والتمييز والتناسق وبالاعتماد على المعلم المختص فقد يحتاج إلى عرض الحرف أو الكلمة ضمن مجموعات من الحروف والكلمات المكتوبة ضمن مجموعات ويطلب من الطفل التمييز فيما بين الحروف المتشابه أو الكلمات.. الخ. كما يمكن استخدام عروض ملونة وأشكال مختلفة تبرز بها الحروف أو الكلمات لتحسين التمييز البصري مثلاً.

4- العلاج بالتصحيح: وهو الطلب من الطفل وحسب عمره تشكيل الحروف في كتابة نماذج ملونة للحروف تخدم الطفل في الربط بين الحرف المراد كتابته ويكون تشكيل الحروف من السهل إلى الأصعب مع مراعاة الفروق الفردية للأطفال وزمن التعلم.

صعوبات التعلم بالرياضيات:

ونعني بذلك صعوبات تعلم المفاهيم الرياضية والعمليات الحسابية واستخدامها (Dyscalculia) ومثلما هي صعوبات التعلم للقراءة والكتابة تكون صعوبات الأطفال تعلم عمليات العد والتصنيف العددي والفرز وتسمية الأعداد الأمر الذي يتطلي برنامجاً خاصاً للعلاج يبنى على أساس تحديد الصعوبة التعليمية بدقة واختبار المجالات المنهجية ذات الأهداف المحددة مع مراعاة التدرج بدءاً بالسهل والبسيط صعوداً إلى المركب، كما يمنح الطفل فرصاً مكثفة للمراجعة والتكرار والتمرين للانتقال من المحسوس إلى غير المحسوس من أجل تعلم المفاهيم الرياضية والمهارات التي تعود إلى التعميم لذلك يكون بناء برنامجاً متوازناً موضوعياً متناسباً مع العمر والمستوى ومتدرجاً في الصعوبة من البسيط إلى الأصعب أمراً ملزماً للأخصائي في التربية الخاصة.

الفصل الخامس

- الاضطراب السلوكي.
- التوحد
- الموهوبون والمتفوقون
- الإرشاد النفسي التربوي
- أشهر المعاقين

الاضطراب السلوكي

تشكل اعاقة الاضطراب السلوكي تعريفاً للسلوك السوي وغير السوي الناتج عن تعلم خاطئ أو بيئة غير سليمة ينشأ فيها الطفل أو يتعرض لآثارها التي تتعسبب باضطراب انفعالي يكون السلوك غير السوي أو غير الطبيعي غير مقبول اجتماعياً أو يشكل خروجاً على القيم والتقاليد لذا يصفها المربون بأنها إعاقة أو اضطراب انفعالي اجتماعي يكون واضحاً أكثر بسبب تكرار السلوك والتصرف، لذلك فإن إعاقة من هذا الصنف هي من مهام التحليل النفسي الذي يحتاج إلى برنامج خاص ومكان وبيئة تعليمية ورعاية خاصة ونوعية وقد تحتاج إلى تنسيق كبير بين الطبيب النفسي والمرشد النفسي ومعلم التربية الخاصة.

إن هذا النوع من الاضطرابات السلوكية (الانفعالية) يمكن أن يصاب بها الكبار والصغار ولا تقترن بعمر محدد وتتسبب في إفساد العلاقات بين أفراد المجتمع الواحد أو البيئة الواحدة، في حين قد يأنف الأفراد المنحرفون مع بعضهم بقبولهم الاضراب السلوكي ومظاهره المختلفة[1]

ويعتبر السلوك السايكوباني إحدى المشكلات التي تسببها البيئة الاجتماعية وربما المرض العقلي.

يختلف الاضطراب السلوكي من حيث الأسباب والمسببات والحدة التي قد تصل إلى مستوى العدوانية.

فالاضطراب السلوكي هو حالة معنوية يدلل عليها أو يكشفها السلوك غير المتفق عليه أو غير المألوف اجتماعياً، وهو خروج عن الصيغة المقبولة وقد تتعدد التفسيرات والتعريف بالإعاقة هذه لكنها تتفق بكونها سلوك غير سوي ومغاير أو مناقض للمألوف.

ان اختلاف وجهات نظر التربويون بشأن تشخيص الاعاقة وصعوبة قياسها الدقيق من قبل الصحة العقلية والنفسية في آن واحد كونها تخضع للمعايير الاجتماعية لذا نجد لها تعاريف مختلفة وفقاً لرؤيا المشكلة أو الاضطراب كونه ليس نوعا واحداً وبدرجة واحدة.

فيرى البعض أن الاضطراب السلوكي (الانفعالي) هو في الطفل ذو السلوك غير الائق اجتماعيا.

ويرى آخر- أن الطفل غير القادر على التكيف مع معايير السلوك المقبول اجتماعيا هو الطفل المضطرب سلوكياً[2].

---

[1] محمود السيد أبو النيل - رزق سند إبراهيم ليه- سيكولوجية النصاب - دار النهضة بيروت ص 81.

[2] قحطان أحمد الظاهر - مدخل إلى التربية الخاصة، ط1 1995 دار وائل للنشر والطبع ص 283.

ويرى آخرون أن المعيار الاحصائي في تعريف الطفل (Shea) المضطرب سلوكياً هو الذي يتراوح معدل انخفاض سلوكه عن المتوسط مما يعمل على انخفاض قدرة الطفل على أداء واجباته المدرسية بفاعلية.

ويعرف آخرون - الطفل المضطرب سلوكياً هو طفل يتصف بعدم الانتباه داتخل الصف غير منسجم مع أقرانه، صعب التعامل وغير ملتزم وغير مطيع الأمر الذي يجعله متخلفاً دراسياً بنظر معلميه في المدرسة لذلك يتطلب معالجته وتأهيله لكونه يعاني من:

- ضعف أو قصور في إقامة علاقات طبيعية مع أقرانه.
- قصور قدرته على التعلم.
- ظهور سمات مزاجية وجسمية.
- يمكن أن تكون المعاناة ناتجة عن أكثر من عاهة.

وكلما ازدادت المعاناة من الاضطراب السلوكي حدة وانفعالاً فإن ذلك يكون معبراً عن حالة الضرورة القصوى للرعاية والعناية من قبل معلم التربية الخاصة أو ذوي الطفل ومربيه.

وهي حالة اهتمام قصوى من قبل المربين للطفل لكون الاضطراب السلوكي ذو أثر مباشر على قدرات الطفل نتيجة للانفعال كحالة قابلة إلى التطور باتجاه الجنحة والجريمة الواقعة تحت طائلة القانون كما هو الحال في مراكز التأهيل والاصلاحات الخاصة بالأحداث (سجون الأحداث) وخصوصاً عند أولئك الأطفال عدواني السلوك.

تصنيف الاضطراب السلوكي

مثلما يتعدد التعريف ويتنوع لدى المختصين حسب رؤية كل منهم وتخصصه يتعدد أيضاً أسلوب التصنيف للإعاقة لدى هذه الفئة من الأطفال المضطربين سلوكياً أو انفعالياً ويذكر الدكتور قحطان بأن تصنيف الطب النفسي للجمعية الأمريكية من أقدم التصنيفات(في الستينات من القرن العشرين) وقد ظهر عليها انتقادات كون التصنيف يشتمل على الجوانب العقلية (التخلف العقلي) والانفعالي كالقلق واضطراب الحركة والسلوكية كاضطراب التصرف والنمائية كالتوحد عند الأطفال ويقول الظاهر معلقاً على ذلك: أن هذا التصنيف بعيد عن دور المدرس الذي يود التعامل مع السلوك الواضح الظاهر.. كون تصنيف الجمعية الأمريكية أعلاه يظهر الكثير من السلوكيات الخفية يصعب على المعلم التعامل معها.

ويذكر أن تصنيف كوي (Quay) الذي ظهر بالسبعينات من القرن العشرين هو أفضل التصنيفات للاضطرابات السلوكية والانفعالية بأبعاده الأربعة.

1- اضطرابات التصرف(Conduct disorders) وهو يسجل على سلوك الطفل من عدوانيته واعتداء وتخريب وعدم الانضباط والانصياع للقوانين وعدم احترام الآخرين واللامبالاة.

2- اضطرابات الذات (Selr disorders) : وهي معاناة الطفل المعبر عنها بالقلق والخوف وعدم الثقة بالنفس والانسحاب والبكاء حد الصراخ في أكثر الأحيان.

3- الاندفاع الصبياني (Socia delinquency): ويتمثل بالتصرفات المسماة (بالصبيانية) والتي تعتبر جنوح من وجهة النظر القانونية كما في السرقة وإهمال الواجبات والهروب من البيت أو المدرسة واللامبالاة.

4- عدم النضج (Immaturity): يعبر عنها بالكسل والاهتمام وعدم الانتباه الكافي، والفوضى وضعف التركيز وغيرها من السمات التي تدل على عدم اكتمال الشخصية مقارنة بالأقران.

وقد تظره على الفرد الصغير أو الكبير حدة الاضطراب والسلوك والتصرفات واعراض انفصام الشخصية واضطراب التفكير والهلوسة والهذيان والانطواء أيضاً، وهي أمراض يصعب على المعلم التعامل معها كونها أعراض طبية.

كيف يمكن التمييز بين السلوك السوي وغير السوي؟

لا شط في أن وصف السلوك السوي هو مسألة نسبية زماناً ومكاناً.. فالسلوك المحترم المقدر في المجتمع اليوم قد يكون غير ذلك في مجتمع آخر في زمان آخر.. كما يختلف الناسي بوسف السلوك أو تقديره وفقاً للعمر والنضج، فقد يكون تقليد الأطفال للكبار في شرب الخمر أو التدخين مقبولاً بالريف ولكنه مرفوض بالمدينة أو بالمدرسة أو بحضور الوالد أو وليالأمر مثلاً، حيث يعد ذلك سلوكاً غير سوي خارج عن التقاليد، في حين سلوك احترام الأخ الأكبر في المجتمع المتقدم سلوكاً سوياً تفرضه ديمقراطية التعايش داخل الأسرة أو القبيلة، كما يعد احترام المعلم في المدرسة والشارع من قبل المتعلمين سلوكاً سوياً كونه يعكس مستوى التربية وأثرها على السلوك الإيجابي .. والأكثلة كثيرة ومتعددة خلاصتها: أن السلوك السوي بيّن وغير السوي بيّن أيضاً، والسوية في وصف السلوك هنا يكشفها مقدار تكيف الفرد لمحيطه وأبناء مجتمعه من خلال السلوك المناسب والمقبول بالاتفاق عليه من قبل الآخرين ويمكن تمييز السلوك من خلال المعايير التالية:

1- المعيار الاجتماعي: وهو قبول السلوك وفق معايير المجتمع المكون من عادات وتقاليد وقيم موروثة متعارف عليها.

2- المعيار الاحصائي: هو احصاء نسبة اعتماد السلوك السوي وفق قاعدة التوزيع الطبيعي للسلوك الانساني الظاهر أو الغالب في هذا المجتمعه أو تلك الدولة.

والسلوك المنحرف عن المتوسط الحسابي لما تتفق عليه الأغلبية يعد سلوكاً منحرفاً.

3- المعيار الموضوعي - الوظيفي: ويعكس هذا المعيار السلوك الغرضي من تأدية هذه الوظيفة أو تلك فالأمانة والصدق صفة لسلوك سوي في مؤسسة حكحومية تعمل بقوانين صريحة ومعلومة واضحة، في حين لأن لسرقة والرشوة سلوك غير سوي لمخالفته قواعد وضوابط المؤسسة لذا فإن معايير السلوك السوي في هذه الحالة هو احترام الوظيفة وأغراضها والخروج عن ذلاك يعد سلوكاً غير سوياً وخلاً أخلاقياً مضر بالوظيفة والإنسان وكلما كان المعيار موضوعياً كان أكثر دقة وتحديداً في القياس لنوع السلوك.

4- المعيار الذاتي: ويعتمد هذا المقياس على ذات الإنسان وما يشعر به الفرد ذاته عند تصرفاته بهذا الشكل وليس على نحو آخر، وهل هو راض عن سلوكه ومقتنعاً بنتائجه؟ فإن كان كذلك فسلوكه مقبولاً والعكس صحيح.. أي أن ممارسة النقد والنقد الذاتي يعتبر مبدأ تربوي لتقويم السلوك، غير أن هذا المعيار خاضع للنقد والضعف لطبيعة النفس البشرية ونوازعها المستوردة أحياناً لذلك فإنه معيار يصعب تعميمه أو اعتماده وخدة لتحديد سوية السلوك من عدمها.

وتأكيداً على ما تقدم تصبح الضرورة واجبة الاتباع لتحديد معايير الحكم على السلوك أو كشف المشكلات السلوكية ومنها وبالخبرة والتجربة تتبع ما يلي:

1- التمييز بين السلوك المقبول اجتماعياً والمرفوض في هذا المجتمع أو ذاك أو في هذه الثقافة أو غيرها عند هذا الحد من العمر ويبين كلا الجنسين.

2- تكرار الفعل او السلوك المرافق له في فترة زمنية معينة فإن كان سلوكاً غير سوي مكرر وبشكل غير طبيعي بنفس الفترة فهو أمر يدل على وجود مشكلة سلوكية حتماً.

3- شكل الجسم (الهيئة) أثناء السلوك غير السوي واستمرار الشكل، والزمن الذي يستمر عليه شكل الجسم عند السولك غير الاعتيادي إن كان لمدة طويلة أو أكثر.

4- زمان ومكان السلوك غير السوي ومقدار شدته (حدته) أو ضعفه.

ويتفق (المؤلف) مع ما ذهب إليه (دافيدوف) بشأن تحديد السلوك غير السوي من خلال:

1- إذا جاء السلوك بفعل الإعاقة في قدرات الإدراك والانتباه والتذكر والاتصال .. الخ، حيث تؤدي حدتها للسلوك غير السوي بسبب ضعف المعرفة ونقص الفهم.

2- ضعف السيطرة والاتحكم بالذات وخصوصاً عند الأفراد غير القادرين على التحكم في سلوكهم (فقدان ضبط النفس) في مواقف معينة تدفع إلى لسلوك غير السوي.

3- الخروج على التقاليد الاجتماعية المنظمة للسلوك يعد انحرافاً عن السلوك السوي.

4- التعبير عن مشاعر الأسى والضيق والغضب تدفع للسلوك غير السوي أيضاً.

ومما تقدم نستنتج أيضاً:

- أن الفارق بين السلوك السوي وغير السوي تحدده درجة الاضطراب أو الانفعال المرافق والدائم.
- أن نوع السلوك وتكراره في الزمتن والمكان يمكن أن يحدد مستوى كونه سلوكاً سوياً أو غير سوي.
- أن قبول المجتمع أو رفضه الدائم للتصرف (تكرار الشجب) يؤشر وجود مشكلة سلوكية.

ومما تقدم ذكره يمكننا الاستدلال على الأسباب المؤدية للإضطرابات السلوكية رغم تفاوت درجات حدة السلوك بين بسيط ومتوسط وشديد بأنها:

أولاً: عوامل بيئية: تتسبب بها تعاملات الأسرة والوالدين مع الأطفال أو الأبناء، أو أن يكون عدد أفراد الأسرة كبيراً أو ان ترتيب ميلاد الطفل بين تسلسل اخوته كأن يكون الطفل الخامس أو السادس حيث يقل الاهتمام به ورعايته أحياناً مما يترك ذلك أثراً نفسياً أو اجتماعياً في آن واحد.

كما أن مستوى علاقة لاالوالدين مع بعضهم والمستوى الثقافي يلعبان دوراً بالغاً في صياغة نفسية الطفل وسلوكه.

أما المدرسة وهي البيئة الأساسية الثانية المؤثرة في سلوك الطفل فلها الأثر الأكبر في عمليات التكيف الاجتماعي والقرار النهائي في تقويم السلوك وتعديله.

ثانياً: العوامل الاثقافية: يشكل الموروث الثقافي القيمي بكل ما يحمله من حرمات ومقبولات اجتماعياً عاملاً مهماً في صياغة السلوك عموماً وتقدير سويته من عدمها قياساً بنسبة القبول والرفض الاجتماعي وبتشكيله المعايير السلوكية.

لذا يقتضي بالمربي أن يعتمد هذه العوامل بإضافتها إلى عوامل التربية الأسرية (البيئية) لتحديد مسببات السلوك غير السوي.

فالطبقات الاجتماعية والاقتصادية تشكل بقيمها وقوانينها ثقافة خاصة مؤثرة على أبناء تلك الطبقات وخصوصاً عندما يضطرب المستوى الثقافي – المهني – الاقتصادي للوالدين، ولقد أكدت غالبية الدراسات والبحوث في التربية الحديثة باختلاف اتجاهاتها على أهمية دور العامل الثقافي – الاقتصادي على السلوك بوجه عام وغير السوي بوجه خاص.

فالسلوك العدواني عند الأطفال والميل إلى الخروج عن المألوف والمرغوب من القيم أو الضوابط والقوانين وتشجيع ثقافات العنف والتجاوز وعدم احترام الآخر وتجاهل الحقوق والواجبات، ورفض الديمقراطية كسلوك حضاري، والانحراف في تقبل موضات العصر المقيدة للإنسان، والإمعان في تقبل المهدئات والمخدرات والمسكنات وغيرها من سلوكيات غير سوية تشكل اليوم تحديات للعلوم التربوية والنفسية والاجتماعية مثلما تشكل ضغطاً شديداً على السلطات الطبية والحكومية التنفيذية حيث تمثل جرائم القتل والسرقة والاغتصاب والجنوح والامبالاة مشاكل سلوكية خطيرة على الفرد والأجيال والدول.

أما اضطراب التصرف فنظراً لوضوحها وسهولة تشخيصها تقع تحت طائلة التقويم والعلاج التربوي – النفسي المباشر من قبل الوالدين أو المعلمين والمدرسين المهتمين بشئون تعليم التلاميذ وتربيتهم بالوقت نفسه.

لذلك تعطي الإدارات المدرسية والهيئات فيها ومجالي الآباء والأمهات دوراً بارزاً في التشخيص والعلاج والكشف، حيث ترد في الغالب ببطاقات التلميذ المدرسية توصيفات وذكر لسمات التلميذ ومعاناة لتسهيل ملاحظة السلوك وقياسه وتقويمه من خلال المراقبة داخل البيت والمدرسة والتعاون بين أولياء الأمور والمعلمين

خصائص المضطربين سلوكياً

لقد ورد في معرض الوصف لأطفال الاضطراب السلوكي والانفعالي ما يؤكد تنوع وتعدد الخصائص والدرجات التي يقع فيها وصف مستوى السلوك وتحديده، ولكننا ولأغراض إحاطة الدارسين بتلخيص مركز للخصائص نذكر ما يأتي:

1- تكشف دراسات ومقاييس الذكاء للأطفال المضطربين سلوكياً أن هنالك تبايناً بدرجات الذكاء وفقاً لدرجة مستوى الإعاقة البسيطة أو المتوسطة، بينما تكون درجة ذكاء شديدي الإضطراب الانفعالي والسلوكي مقاربة لدرجة المتخلفين عقلياً أي حوالي (50).

2- تكون المشاكل السلوكية في الأغلب سبباً في انخفاض مستوى التحصيلب التعليمي - الأكاديمي عند مضطربي السلوك، بسبب ضعف الانتباه والإصغاء والتركيز والقلق لذلك يعتبر سوء التوافق الواضح لديهم سبباً في عدم التوافق والتكيف مع الآخرين.

3- يبعد السلوك الحركي المضطرب الاستقرار ويفقد التنظيم لزيادة النشاط غير المبرر وغير الملتزم بحاجة ووقت.

4- بسبب الابتعاد عن الآخرين والتمركز حول الذات صعوبات تكيف المضطرب سلوكياً مع أقرانه ومجموعته مما تدفعه إلى التهرب منهم لكي لا يفشل أمامهم نتيجة عدم قدرته وضعف مستواه.

5- شعور المضطرب سلوكياً بالقلق والخوف بدرجة غير طبيعية مما يؤدي إلى سلوك غير اعتيادي قد تكشفه أعراض جسمية وحركية ونفسية مثل قضم الأظافر ةوعض الشفاه والرعشة والتعرق واضطراب النفس، والحساسية المفرطة والهم غير المبرر.. الخ.

وقد تؤدي الاضطرابات السلوكية والانفعالية الحادة إلى الإصابة بانفصام الشخصية (الشيزوفرينيا) وهو مرض ذهاني.

كيف يمكننا معالجة حالات الاضطراب السلوكي – الانفعالي؟

طبقاً للأوصاف والخصائص لحلالات الاضطراب تظهر لنا أن المعالجة متداخلة الأساليب تشترك فيها علوم الطب والنفس والتربية الخاصة والعامة وحسب درجة الإعاقة فهي:

أولاً: المعالجة الطبية المتخصصة – بالفحص الطبي واستخدام الأدوية والعقاقير الطبية المناسبة والمهدئات طبقاً للاستشارة الطبية.

ثانياً: العلاج التربوي: وهي من مهمات المعلمين والمربية عموماً والمتخصصين بالتربية الخاصة خصوصاً والقادرين على تقويم السلوك وتحسبنه وفقاً لنظرية العلاج السلوكي لـ (إسنك) أو نظرية بافلوف وغيرهم.

ثالثاً: العلاج النفسي: ويعول في مثل هذا العلاج على المدرسة العامة والخاصة وعلى قدرة وتخصص المعلمين والمربين بنظريات السلوك والتحليل النفسي، بحيث تكون جلسات العلاج النفسي في المرسة الخاصة لمراقبة واستمرارية وتقويم حسب توجيه المرشد المختص (راجع الفصل الأخير حيث الإرشاد النفسي والتربوي).

رابعاً: العلاج بتغيير البيئة: والمقصوزد بالبيئة هنا، هو البيت والمدرسة والمجتمع المحلي ونعني بذلك خلق بيئة أخرى يمكن لها المساهمة في معالجة الاضطراب السلوكي من خلال خلق مناخات جديدة لتكيف المعاق الجديد كلما كان ذلك ممكناً، ولتجاوز فشل الطفل أو التلميذ مع النظام الاجتماعي المحيط به وخلق فرص لتوازنه مع الآخرين ولتسهيل مهمة احلال توجهات وتوقعات جديدة لأن النظام الاجتماعي[1]، كما يرى (مالينوفسكي)- (هو مجموعة من الذين يشتركون في عمل معين يتعلق بناحية معينة من البيئة التي يعيشون فيها ويستعينون بأساليب فنية مرسومة كما يخضعون لفئة معينة من الضوابط والقواعد والقوانين) ويفيدنا ذلك عند تغيير بيئة التلميذ او الطفل لغرض تكييفه لعلاقات وضوابط يمكن أن تكون منسجمة أو متفقة مع ميوله ورغباته، وقد تكون سبباً لمعالجته.

---

[1] محمد محمد طاهر الخاقاني، علم الاجتماع بين المتغير والثابت/ القسم الثاني - دار الهلال - بيروت ط 1 1987م ص25.

أما البرامج التربوية لمعالجة الاضطراب السلوكي فهي:

برامج التربية الخاصة لذوي الاحتياجات الخاصة لفئة الاضطراب السلوكي والتي تقدم ضمن خدمات:

1- المدارس العامة (العادية) والخاصة.
2- صفوف الفصل الخاص وفق ضوابط وشروط الصف الخاص.
3- مراكز ومعاهد الإقامة الدائمة.
4- التعليم المشترك بين معلم التربية الخاصة ومعلم الاختصاص العام (راجع الفصل الأخير في الارشاد النفسي والتربوي).

اضطرابات اللغة والكلام

إن ما يميز الإنسان عن غيره من الكائنات الحية كونه كما يقال حيوان ناطق، وهو كائن اجتماعي يفكر ويتكلم، والتكلم هو النطق بما يفكر به الإنسان ويعبر به عن ذاته وعن ما حوله من وجود لأشياء أو صور أو مشاعر وأحاسيس بكلام يعكس واقع أو يصف موقف لذلك فإن تواصل الإنسان مع مكونات حاضره وماضيه ومستقبله باستخدام نظام من الرموز متفق عليه بين الأفراد والأقوام على اختلاف البيانات وتنوعها من خلال التواصل اللغوي والذي هو دليل وجود الإنسان (كائن حي اجتماعي) يفكر ويتكلم.

فالتفكير واللغة يرتبطان بعلاقة عضوية لا يمكن الفصل بينهما فلا يمكن تصور نوع التواصل الإنساني بين البشر أو الأفراد الذين لا يفكرون ولا توجد لهم لغة وهو أمر يتعارض مع مفهوم الإنسان كائن إجتماعي، في حين يمكن أن لا يستطيع الإنسان التعبير لغوياً بما فيه الكفاية عن تفكيره وهذا أمر له تشخيصه وأسبابه أو قد يستخدم أساليب أخرى للتواصل اللغوي كما هو الحال في استخدام الإشارة (لغة الإشارة) أو لغة العيون أو التلميحات أو لغة الأصابغع أو استخدام الأشياء المادية للتواصل بين الأفراد مثل إبراز الكتاب أو القلم أو القدح للإعلان عن خاصية اللمس والتحسس للأشياء وكما حو الحال في التواصل مع الصم والبكم والمكفوفين.. الخ.

لقد أظهرت الدراسات المتواصلة لموضوعية العلاقة بين التفكير واللغة وجود علاقة مهمة وضرورية خصوصاً في مجال التحصيل الأكاديمي والتعلم وهو أحد أهم أهداف

ووسائل التربية الخاصة[1]، عندما اعتبر العلماء والباحثين ان الاختبارات اللفظية هي مقاييس الذكاء ثم تعامل الدرجة اللفظية المعيارية باعتبارها نسبة ذكاء تدل على مدى التقدم التحصيلي – التعليمي.

ومما تقدم ذكره من مباحث يظهر لنا أن اللغة والكلام والتفكيلار هي عمليات عقلية معقدة تتعرض للخلل بدرجات معينة ولأسباب وراثية بيئية تصيب خلايا الدماغ والأجزاء المسئولة عن الفهم والإدراك والحس والحركة، لذلك تظهر أعراض اضطراب اللغة والكلام عند أطفال الإعاقة العقلية والسمعية وفي التوحد وصعوبات التعلم في الغالب. واضطراب اللغة عند الأطفال هي مشكلة فهم استخدام اللغة بما يعيق التواصل مع الآخرين حتى وإن استخدمت رموز اللغة المنطوقة أو المكتوبة أو الإشارة والإيماء، أما اضطراب الكلام فهي صعوبات تكوين مفردات النطق بصوت وإنسيابية عادية.

العوامل المرتبطة بالإضطرابات اللغوية عند الأطفال

إن قصور الأداء الوظيفي لأعضاء الجسم المسئولة عن الانفعاليات العقلية سواء أكانت بالولادة او بالإصابة يمكن تصنيفه كما يأتي:

أولاً: عوامل مرتبطة بإصابة الجهاز العصبي المركزي (الدماغ).

ثانياً: عوامل مرتبطة بخلل الجهاز العصبي المحيطي (الإعاقات الواردة ذكرها).

ثالثاً: عوامل نفسية إجتماعية (الإنفعالية – السلوكية).

رابعاً: عوامل بيئية (أسلوب التربية، واقع البيئة، الصحة العامة).

إن مراجعة العوامل والأسباب أعلاه يجدها الدارس للتربية الخاصة موجودة بأثر يمكن تشخيصه طبياً ونفسياً واجتماعياً عند معظم المعاقين وإن كانت بدرجات متفاوتة وعلى الدارسين مراجعة مراحل نمو الطفل الأولى للوقوف على بدايات إكتساب الطفل اللغة، وسماعه الأصوات وط

ريقة استقبالها كمثيرات واستجابته بتلفظ الحروف وترديدها والنطق بها وذلك لأهمية ذلك في تشخيص ومعالجة مثل هذا الاضطرابات بوقت مبكر لمراحل نمو الطفل.

---

[1] أبو حطب: فؤاد: القدرات العقلية 1982م مكتبة الانجلود المصرية ص 289 القاهرة.

ويمر تطور الطفل اللغوي بمراحل أربعة بعد صرخة الميلاد والتي هي ردة فعل تغيير بيئة الطفل الجديدة والتي يصاحبها بكاء شديد يشكل بداية الإتصال بالأم بعد الولادة وهي المرحلة الاولى لتعلم اللغة حيث تعقبها المراحل التطورية لنمو اللغة:

- مرحلة المناغاة: والتي تمثل تعبي رالطفل عن انفعالاته المختلفة (سرور، غضب، تألم وغيرها).
- مرحلة التقليد: حيث تبدأ محاولات الطفل تقليد ما يسمعه من أصوات على نحو مشوه تبدء بالظهور في الشهر التاسع من عمر الطفل.
- مرحلة النطق والكلام: وتبدء هذه المرحلة في السنة الاولى من عمر الطفل السليم بنطق كلمة أو أكثر يكررها في محاولة لتكوين جملة في السنة الثانية من عمره، وتختلف قدرات الطفل في إثراء لغته وفقاً للرعاية الصحية والنفسية والاجتماعية.. الخ.

لذلك تعد المراحل الاولى لنمو الطفل والمراقبة اليومية الصحية والنفسية له من قبل الأم والأب والأسرة أمراً بالغ الأهمية للكشف عن اضطرابات اللغة والكلام ومرصة أوفق للمعالجة الطبية والتربوية الخاصة بعمر مبكر من مراحل ما قبل المدرسة.

تصنيف اضطرابات اللغة

اعتمد المختصون أكثر من تصنيف تم استخدامه لتشخيص اضطرابات اللغة منها:

أولاً: تصنيف يعتمد على شكل وبناء ومعنى الكلمة من حيث:

أ- الصوت واللهجة وطريقة تلفظ الحروف والكلمات.

ب- كيفية بناء الكلمات وتركيبها وفقاً للمعنى المقصود.

ج- النمو – كيفية تعريف الكلمة وموقعها بالجملة المفيدة وفقاً لقواعد اللغة العربية مثلاً.

د - المعاني – كيفية استخدام الكلمة ذات المعنى المطلوب أو المقصود بالكلمة او الجملة المركبة.

هـ- توظيف الكلمة اجتماعياً وبما يتوافق وموقف الفرد.

والخلل الحاصل في أي من مفردات التصنيف يؤدي إلى اضطراب اللغة بدرجة ما.

ثانياً: تصنيف يعتمد على الإعاقات المؤثرة على اللغة سلبياً بفعل الخلل في عمليات الإدراك والانتباه والفهم والوارد ذكرها فيما تقدم والتي تسبب في الإعاقة اللغوية الخاصة متنوعة الدرجة والمؤثرة في التواصل الاجتماعي للطفل لاحقاً.

ثالثاً: تصنيف يعتمد سلوك الطفل في التلفظ عندنا يحذف حرفاً عند النطق بكلمة أو قول جملة وخصوصاً عند الأطفال غير القادرين على تكوين جملة، نتيجة لتوتر شديد واضطراب نفسي وخوف وقلق وارتباك، أو لوجود عيوب في أجهزة النطق تحرف النطق أو تشوهه، وقد يكون لوضع الأسنان غير الصحيح في الفكين أو بأحدهما أو سقوط الأسنان أسباباً مؤثرة على اكتمال عملية النطق.

كما تشكل اضطرابات الصوت وطبقاته من حيث شدة ارتفاعه او انخفاضه أو نغمته أو سرة التلفظ وغيرها هي الأخرى عوامل مؤثرة في اضطرابات النطق.

أما أسباب اضطراب النطق والكلام عموماً فهي كما ورد ذكره جملة من العوامل البيئية والعصبية والعضوية إضافة للأسباب المرتبطة بالإعاقات الأخرى.

كيفية العلاج لأطفال اضطرابات النطق والكلام

تساهم التربية الخاصة بدور بارز متخصص يستند إلى تشخيص مستوى الخلل أو الاضطراب لتضع برنامجاً علاجياً لكل حالة وفق ما يناسبها من علاج لتقويم حالة الطفل، وفي الغالب ينجح العلاج الصحي - الطبي إذا كانت الأسباب صحية، كما تنجح برامج التربية الخاصة في إعادة تأهيل وبالحدود التي تسمح للطفل بمواصلة اتصاله واندماجه بالمجتمع المدرسي والأسري وفي حال الأحوال يكون العلاج

وفق نوع الاضطراب من خلال:

- المعالجة الطبية بواسطة العقاقير او الجراحة في حالات الإصابة بالتهابات الحنجرة أو الحبال الصوتية ومنطوقة الفم والفكين واللسان أو الجهاز التنفسي أو إصابات جهاز السمع، وقد يكون العلاج الطبيعي أسلوباً للمعالجة.
- المعالجة عن طريق تعليم وتهذيب صوت اطفل وتوعيته بأهمية التمييز لمستويات الصوت السليم عند النطق والمخاطبة بين الصوت المضطرب والصوت الطبيعي وذلك بالتدريب على التخلص من التوتر وتعليم العادات الصوتية الصحية، والتنفس بطريقة صحيحة.

- المعالجة التنفسية: وتبدأ عندما يكون دور المعالج النفسي ممكن في الحد من عدم قبول الطفل المضطرب في مجتمعه ومحيطه بسبب اضطراب صوته الذي لا يستطيع من خلاله التواصل مع أقرانه في الصف والمدرسة لذلك يكون دور المعالج النفسي مزدوجاً فهو يعمل على تخفيف التوتر والقلق عند الطفل وبنفس الوقت يدرب الطفل المضطرب على التكيف مع بيئته والاستجابة للمعالجة.

اما علاج حالات التأتأة واللجلجة عند الأطفال المصابين والتي تخلق للطفل صعوبات في النطق والكلام إضافة إلى الشعور بعدم الثقة بالنفس والخجل من الآخرين فتعتمد التربية الخاصة على برامج التدريب المناسب عن طريق تكرار المعالجة وتصحيح الخلل أمام المرآة والتدريب على التنفس الذي تسبب اللجلجة والبدء من اللفظ السهل إلى الصعب...الخ[1].

ويذكر الظاهر: أن بالإمكان استخدام التنويم المغناطيسي لمعالجة اللجلجة من خلال تشجيع الطفل على الكلام بالإيحاء، وكذلك استخدام أساليب تعديل السلوك من خلال لعب الأدواء وتقمص الطفل لسخصية غير متجلجلة..الخ.

التوحد Autism

يعتبر التوحد حالة اضطراب شديد تظهر على الطفل قبل السنة الثالثة من العمر يتعرض لها الذكور أكثر من الإناث وهي حالة صعبة التشخيص[2].

ويقول الدكتور الظاهر - ان التوحد حالة من الإنكفاء الذاتي او التقولب حول الذات مبتعداً عن الاستجابات والتفاعل الاجتماعي يرافق ذلك نمطية غير عادية تؤثر في أدائه المعرفي.

ومصطلح التوحد (Autism) كلمة انجليزية مصدرها اغريقي (Autes) تعني الذات أو النفس. اول من استخدمها الطبيب النفسي كانر (1943) واستخدمت مصطلحات أخرى (الفصام الذووي، أو الذاتي التركيب) وذهان الطفولة، نمو الأنا الشاذ، أما عامة الناس فيطلقون عليهم الأطفال الشرسون أو البربريون أو الأفراد الغريبون.

وتعريف التوحد غير متفق عليه من وجه نظر (المؤلف) كون أن البعض من النفسانيين يصفه باضطراب انفعالي وآخرون اضطراب نمائي وطبقاً لذلك يضعون له الاوصاف والمظاهر، كما يرون في ربط الأسباب وتشخيصها بعمر السنتين من خلال ملاحظة الأم لضعف انتباه الطفل وعدم النظر إليها عند الرضاعة، كما يختلف التشخيص لحالات الدلالة على التوحد، ويمكن

---

[1] الظاهر: قحطان - المصدر السابق ص 376.

[2] الظاهر: قحطان أحمد، مصدر سابق ص 322-324.

استخلاص الحالات لتشخيص أطفال التوحد من خلال ملاحظات سلوكية وتصرفات تنحصر بمحدودية مع أقرانه، ورتابة أفعاله بدون ملل وغير قادر على التواصل مع أقرانه، كما ويختلف المربون والمتخصصون بشأن درجة ذكاءه وقدرته المعرفية.

وقد تعني ذلك أيضاً أن التوحد إعاقة في العلاقات الاجتماعية وضعف استخدام اللغة أو نقص في نمو اللغة أو تطورها ونتيجة لذلك يجعل التوحد غير قادر على خلق او تطوير علاقات مع الآخرين كما أن ميله للتماثل والرتابة والإصرار على التمسك بما عنده حيث يفقده ذلك حسه الأجتماعي في الانفراد حد الانطواء والنمطية بالسلوك وقلة الدافعية وهذه السمات تشكل أبرز خصائص التوحد.

أسباب التوحد:

لا يوجد اتفاق كامل لدى المربون بشأن تحديد نهائي للأسباب، غير أن مثب هذه الإعاقة وبضوء ما تقدم عرضه يمكن أن تفرز الأسباب التالية:

1- الأسباب النفسية: وهي ضعف علاقة الطفل بوالدته لدرجة يصفها البعض بأنها علاقة مرضية ضعيفة الحب والحنان والعطف مما يجعل التنشئة الأولى سبباً للتوحد.
2- الأسباب الوراثية: وتعزى الأسباب للجينات الوراثية وما يرافقها من خلل ذو أثر لاحق بعد الولادة.
3- عدم التوازن الغذائي: والذي يتسبب بعدم التوازن في الكيمياء الحيوية بالجسم، أةو الخلل الوظيفي للكبد.
4- خلل الجهاز العصبي المركزي: يعد الخلل الدماغي والتلف الذي يصيب قشرة الدماغ سبباً في خلل يصيب وظائف الدماغ (النصف الأيسر) والمؤثر على الإدراك واللغة والقدرة المعرفية والاستجابة أيضاً.

أهمية معالجة التوحد

تشهد خدمات التربية الخاصة تطوراً ملحوظاً في التعامل مع التوحد كفئة من الأطفال يحتاجون كغيرهم من ذو الاحتياجات الخاصة إلى الرعاية واالاهتمام من قبل المختصون مملوء بالإنسانية والأمل لالمعالجة وبالنفس الطويل والصبر من قبل الآباء والأمهات والمحيط المحلي

القريب من الطفل حيث تصبح الجهود المتكاثفة لمعالجة هذه العاهة ملزماً كما هي إلزامية التشخيص المبكر المهم لأغراض التأهيل والمعالجة ومن هذه الأسباب:

أولاً: ما يستند على الفحص والمعالجة الطبية والتحليل لكيمياء الجسم للوقوف على نسب تلك المواد والمعادن الفلزية مثل الزئبق والرصاص والزنك والأسيد. والفحص الدقيق لسلامة عمل الكبد وكفاءته على تنقية الدم، وكذلك الحيلولة دون ضعف الجهاز المناعي عند أطفال التوحد، وما يقرره أطباء المعالجة من أدوية وفيتامينات لازمة كفيتامينات B6 والكالسيوم وزيت السمك.. الخ.

ثانياً: استخدام العلاج النفسي: حيث يكون التحليل السلوكي للطفل والكشف عن أثر البيئة على سلوكه وطريقة التعامل معه في الثواب والعقاب، حيث يتم تعزيز سلوك الطفل الإيجابي بالوقت والحجم المناسب والابتعاد عن السلوك السلبي هي من أهم الضرورات الواجبة في تنفيذ أي برنامج علاجي يتضمن ساعات تأهيل ومعالجة يومية طويلة ولعدة أسابيع يقدرها البرنامج وتحسن الحالة.

ثالثاً: علاج خلل الحواس الخمس: فكلما كانت حواس البصر والسمع واللمس والشم والتذوق كفؤة وظيفياً كلما كان الطفل سليماً واعتيادياً وعكس ذلك يكون الخلل الوظيفي للحواس أحد أهم الأسباب وأغراض التوحد ولمعالجة مثل هذه الأسباب تكون برامج التربية الخاصة معتمدة على علاج طبي وعلاج تعليمي مرافق ولساعات يقررها البرامج ومستوى التوحد وعمر الطفل وجنسه وتاريخ إصابة حواسه أو مرضها.

رابعاً: استخدام اللعب كوسيلة لأطفال التوحد، فاللعب والفنون التي يرغب بها طفل التوحد، ويميل لممارستها بفرح ورغبة في التعبير عن الذات والترويح للنفس يمكن أن تكون وسيلة جيدة لترك التفكير السلبي والسلوك السلبي المرافق له.

وأخيراً: لا بد من القول أن تشخيص التوحد بوقت مبكر وبرعاية الوالدين ومعلمي التربية الخاصة المتخصصين بعلاجه يحتاجون إلى المزيد من الصبر والاستمرارية على ملاحظة سلوك الأطفال أثناء بدء جلسات العلاج وخلاله ودراسة المتغيرات بعملية ودقة تحليل عندها تكون احتمالات تحسين حالة الطفل وتعليمه وتأهيله أسهل وأكثر فائدة للطفل ذاته.

الموهوبون والمتفوقون

لم يزل المدخل إل الموهوبين والمتفوقين ومنذ قدم معرفة الإنسان بذاته يتوقف أمام سؤال لم يعد فلسفياً هو الآخر وهو كيف نفهم الذكاء عند الإنسان؟ سمة، مصطلحاً أم حصراً لظاهرة باطنية أم خارجية تميز وجود الإنسان ككائن حي؟ أم كمتميز لدوره الإنساني في وجوده مع غيره؟؟.

الذكاء: كلمة ترد فيما عرضته (أ.د عزة غانم 2006)[1] في أحدث كتاب لها أطلع عليه الباحث بأن "الذكاء" اهتمام يبرز في الدراسات البريطانية والفرنسية والأمريكية عند علماء البحث العلمي والتجريبي منذ أوائل القرن التاسع عشر أمثال: فرانسيس جالتون - كاتل وكارل بيرسون، سبيرمان، الفرنسي أنود بينيه، الامريكي ستانلي هول، تيرفاني، ستانفورد، جليفورد) وغيرهم مما يدلل على أهمية الذكاء في تفسير مصطلحات كالموهوبين والمتفوقين والمتميزين، حيثما تؤشر قوة الذكاء عند الإنسان ودرجته المعيارية على مختلف المقاييس، تشخيصاً معتمداً في علوم التربية والنفس والاجتماع وخصوصاً بعد أن شاع الاهتمام الخاص بشرائح وفئات الموهوبين والمتفوقين في عالم اليوم إذ توارث العلوم الهائلة في مجال الاتصال والفضاء والمعرفة الطبية والتكنولوجية والتي تعتبر نتاج عقول متميزة في قدرتها العقلية والإبداعية المتواصلة.

فالتربية الخاصة بوظائفها وخدماتها الخاصة أصبحت أكثر اهتماماً قياساً بوظائف التربية العامة[2] باعتمادها على نتائج أبحاث علماء النفس التربوي وعلم نفس الفروق الفردية (الفوارق) ونتائج الاختبارات والمقاييس التي أصبحت أكثر شيوعا في إسناد حقيقة الوصف والتشخيص للأفراد ولقدرتهم العقلية والنفسية والحركية والأكاديمية والاجتماعية ولأغراض شمولهم ببرامج وخدمات التربية الخاصة، ليس لأغراض التصنيف فحسب بل لأجل تنمية القدرات والمواهب للمتميزين في تحصيلهم الأكاديمي وللمبديعن في أدائهم الفني الوظيفي، فالإبداع والتفوق سمتان للعصر ولضمان التقدم.

والذكاء: عند اهتمام علماء النفس العرب له تاريخ طويل في اللغة العربية فالذكاء مشتقة من الفعل الثلاثي (ذكا) وفي المعجم لوسيط أصل الكلمة ذكت النار ذكوراً وذكاء، ذكاء، أي اشتد

[1] عزة محمد عبده غانم : تربية الموهوبين والمتفوقين: جامعة صنعاء 2006 ص 6-8 الجمهورية اليمنية.

[2] أبو حطب، فؤاد: القدرات العقلية ط5 1986م، الأنجلو المصرية، القاهرة 226.

لهيبها واشتعلت، ويقال ذكت الشمس أي اشتدت حرارتها، وذكت الحرب أي اتقدت وذكا فلان أي سرع فهمه وتوقده.

في حين ان كلمة ذكاء في اللغة اللاتينية **Intelligential** وفي اليونانية تعني (**nous**) وشاعت في اللغات الأوروبية بـ (**intelligence**)- نفس المصدر ص 226).

ويخصص أبةو الفرج بن الجوزي في كتابه (أخبار الذكاء) في بين ما يقول بشأن معنى الذهن والفهم والذكاء- (حدة الذهن: قوة النفس المهيأة المستعدة لاكتساب الآراء، وحد الفهم: جودة التهيؤ لهذه القوة، وهو الذكاء: جودة حدس من هذه القوة يقع في زمان قصير غير مهمل فيتعلم الذكي معنى القول عند سماعه... الخ.

كما للفلاسفة العرب العرب والمسلمين أمثال الفارابي وابن سينا والغزالي وابن رشد وغيرهم دروهم وأثرهم في النظر لعقل **nous** والذهن **intellect** باعتبارهما خاصية مشتركة في الإنسان تميزه عن الحيوان، كما اهتم به ابن رشد بفكره والفروق الفردية في النواحي العقلية عند الإنسان، والتي نجدها اليوم في علم النفي التربوي والتربية الخاصة بشكل وأهمية واضحة وأساسية في عمليات التربية والتأهيل والتدريب لذوي الاحتياجات الخاصة.

إن تعريفات الذكاء المتعددة جاءت معبرة عن وجهات نظر العلماء والباحثين من خلال ميادين اهتمامهم اللغوية والفلسفية والبايولوجية والاجتماعية والسايكولوجية (النفسية) التي تغلبت عليها الاهتمامات المدرسية - التعليمية - التحصيلية.

غير أن أول من استخدم مصطلح الذكاء في علم النفس هو العالم هربرت سبنر والذي عرف الذكاء بأنه (القدرة على الربط بين انطباعات منفصلة وفيه تأكيد على النواحي البايولوجية). وتعريف الذكاء نحديداً يعد

مشكلة لا اتفاق علمي عليها، ويذكر (أبو حطب ط 5 1986م ص 250)[1]- يعد التعريف الإجرائي الذي اقترحه (يورنج 1923) أكثر التعريفات شيوعاً حيث قال(إن الذكاء كإمكانية قابلة للقياس يجب تعريفه منذ البداية بانه إمكانية الأداء الجيد في اختبار الذكاء) وقد اختصرت بالقول الشهير (إن الذكاء هو ما تقيسه اختبارات الذكاء)[2].

وتشير أ.د عزة محمد عبده غانم إلى تعريف الذكاء عن كاتل بالقول: (مزيج من السمات التي من ضمنها استبصار العلاقات المعقدة والوظائف الذهنية والتفكير وحل المشكلات واكتساب خبرات جديدة).

---

[1] أبو حطب ، فؤاد: 1986مص250.

[2] عزة ، عبده غانم: المصدر السابق 2006 ص 28-29.

ويعرف كلارك الذكاء بـ(الأنشطة الدماغية في المجالات المعرفية والانفعالية والحدسية والتي تأتي بسبب التفاعل بين السمات الموروثة والبيئية المكتسبة.

فكما هي حاجة التربية الخاصة ضرورية للوقوف على معنى الذكاء،فهي مهمة أيضاً - للتعرف على مصطلحات وصف مستوى النشاط الإنساني في الأداء وسرعة ودقة الإنجاز في مجالات التكليف بالمهام المختلفة وبالأخص منها مجال التحصيل - التعيمي - الأكاديمي.

فالمتفوق: التلميذ الذي يتفوق بتحصيله الدراسي على أقرانه في الأداء وفي الزمن المحدد محققاً معدل عام يتجاوز الـ 90% درجة في المواد المقررة للمستوى الدراسي، فالرياضي العداء المتفوق يعدو 100 م هو العداء الذي يتفوق على منافسيه باختيار لحظات اطلاق قوة الدفع القصوى لتحقيق الفوز.

والفنان المتفوق: هو الذي يتفوق على أقرانه والمشاركين في المعرض (السابقة) باختبار حسن موضوعات رسومه وتعامله مع الألوان.

والحرفي - الصناعي المتفوق على غيره من حرفي المهنة الواحدة هو الذي يتفوق بمعرفة ذوق وحاجة رواد منتوجاته الحرفية ... الخ.

ويكون التفوق واضحاً عندما يكون الأداء أعلى من المستوى العادي أو المألوف إجتماعياً وثقافياً زماناً ومكاناً فقد تكون للبيئة والتربية والتدريب أكبر الأثر في التفوق[1].

والمتفوق هو من تكون نسبة ذكاءه على مقياس ستانفورد - بنية الذماء 130-170.

الموهوب: مصطلح استخدم في الستينات من القرن الماضي ويعني الفرد الذي يتمتع بقدرات فردية عالية المهارة في الأداء المحدد كالرياضي والفنان والحداد والبناء، وهي قدرات لا تعتمد على الذكاء عند البعض وآخرون يجدون في الذكاء أساس الموهبة[2].

ويرى الدكتور فاخر عاقل فاخر أن مصطلح الموهوب يستعمل للأفراد الذي يتجاوز مستوى ذكائهم 130.

أما المبدع: فهو اتلمصطلح الآخر الذي لم يثبت الباحثين في مجال الإبداع والتميز والمواهب على تعريف له نهائي قاءم بتفسير المبدع.. حيث يظهر الاختلاف على وحدة التعريف قائم على اختلاف وجهات نظر الباحثين بشأن الأطر النظرية التي يتسبب لها التعريف (رولوماني) يعرف الإبداع بأنه تحدي شديد بيد الشخص الواعي نحو بيئته).

---

[1] زيدان - مفيد حواشين- تعليم الأطفال الموهوبين- دار الفكر للنشر 1998م ص 12 عمان - الأردن.

[2] فاهر عاقل فاخر - معجم علم النفس- دار الملايين- بيروت 1985 ص49.

فالإبداع هند د. آمال، وأبو حطب[1]: هو أرقى مستويات النشاط المعرفي الإنساني وأكثر النواتج التربوية أهمية.

والتفكير الإبداعي - هو أرقى الوظائف العقلية عند الإنسان.

والإنتاجد الإبداعي- هو قمة الإنجاز الإنساني.

وهذا يل على أن المعرفين للإبداع يركز كل واحد منهم على جانب من العمليات العقلية المعرفية ويهتم بمسار نمو إنتاجية المبدع نفسه فعند لالاند **Leland** مثلاً[2](هو إنتاج شيء ما على أن يكون الشيءجديداً في صياغته).

فالمبدع بالنسبة للمؤلف: الشخص الذي يتسم إنتاجه بعدم التقليدية يقترن بالحداثة والقيمة المتفردة.

أما المبتكر: فهو الشخص الذي يضيف للمعرفة ما هو جديد وأصيل في كل مراحل انتاج ذلك الإبتكار، ويمثل أعلى مراحل التفكير الإبداعي في حقل ابتكاره.

محكات الكشف عن الموهوبين

مثلما تهتم خدمات التربية الخاصة وتعتمد الكشف والتشخيص للعاهات والإعاقات لتصنيفها لأغراض الرعاية الخاصة، يهتم المختصون في التربية الخاصة اهتماماً بالغاً بالكشف عن الموهوبين والمتميزين من الأبناء حيثما سنحت الفرصة والإمكانية الثقافية والمعرفية لدى الأسرة والآباء والتخصص العلمي لدى المعلمين والمربين تكون عملية الكشف المبكر سبيلاً مرغوباً لاحتضان الكفاءات المتميزة لدى التلاميذ ولصياغة برامج تنمية وتطوير.. ولقد أعطى العالم اليوم وعلى اختلاف نظم التعليم والتربية فيه اهتماماً بالغاً بهذاالنوع من التأهيل والتعلين والأذكاء للمدارك والقدرات العقلية، حيث استخدم المحكات المناسبة في الكشف عن الموهوبين (المحك الأول):

والمحك - تعبير يقصد به مستوى أداء الفرد في مجال تقدير الجماعة، وقد لا يكون محكاً واحداً أو أكثر من محك كاف لتعريف ظاهرة الدراسة المراد القيام بها

فمحك الذكاء مثلاً استخدام (يترمان) لمقياس (ستانفورد - بينيه) حيث وجد أن الموهوب المتفوق عقلياً الحاصل على درجات أعلى هذا المقياس تضعه ضمن أفضل 1% من المجموعة

[1] آمال صادق، أبو حطب: علم النفس التربوي ط2، ص226- مكتبة الأنجلو مصر - القاهرة.

[2] زيدان، مفيد وحوائين: تعليم الأطفال الموهوبين 1998، دار الفكر للنشر والتوزيع: عمان - الأردن ص 12 و ص 63.

التي ينتمي إليها بضوء مستوى الذكاء، وقد استخدم هذه الطريقة علماء وباحثين آخرين، ويرى علمياء النفس ضرورة إخضاع الأطفال لاختبارات قياس الذكاء للحصول على نسبة الذكاء العام (وهو رقم يدل على العلاقة بين العمر العقلي للطفل وعمره الزمني) مثال: الطفل الذي يبلغ من العمر 9 سنوات ويجيب على الاختبارات التقليدية لأطفال بنفس العمر فيكون العمكر العقلي للطفل (9سنوات) ويعني ذلك أن عمره الزمني = عمره العقلي.

وبهذا يعتبر طفلاً متوسط الذكاء، أما إذا استطاع الطفل بعمر (9 سنوات) من الإجابة على أسئلة طفل آخر عمره 12 سنة فإن عمره العقلي يصبح - 12 سنة رغم عمره الزمني = 9 سنوات، ويكون نسبة الذكاء هي في المعادلة الآتية:

$$\text{نسبة الذكاء} = \frac{\text{العمر العقلي}}{\text{العمر الزمني}} \times 100$$

ورغم اختلاف الباحثين فيما يعتبر حداً فاصلاً بين المتفوقين والأطفال العاديين من حيث الذكاء وبلغ هذا الحد معامل ذكاء يقدر بـ (140 فأكثر) عند تيرمان و (135 فأكثر) عند هولنجورث وانخفض إلى (120 فأكثر من نراكلسر.

المحك الثاني: هو محك اعتماد المتفوق التلميذ عند حصوله على مستوى تحصيلي متميز على أقرانه، ويعبرا عن ذلك معدل الدرجات الحاصل عليها في الاختبارات المدرسية أو الجامعية لسن دراسية، ولقد دلت بحوث الباحثين على ان الأطفال الموهوبين يتفوقون بصفة عامة على الأطفال ذوي الذكاء العادي في الاختبارات التحصيلية (وللتعرف أكثر وللاختصاص مراجعة مقاييس تحديد النسبة التحصيلية).

المحك الثالث: (التفكير الابتكاري): هو المحك الذي يكشف عن المبدرعين والموهوبين من التلاميذ بدرجات تميزهم العالية في العلاقة والمرونة والأصالة في أفكارهم بحيث يكشف هذا المحك التميز غير المألوف بين التلميذ الموهوب عن غيره بطريقة تفكيره.

المحك الرابع: محك الموهبة الخاصة: هو محك قياس تفوق قدرات الفرد العقلي في مجالات غير التحصيل الأكاديمي، فقد تكون موهبة خاصة بمجال الفنون والموشيقى والرياضة أو في العلاقات الإجتماعية.. فهي الأخرى محك مهم يمكن القياس على الموهبة بموجبه.

المحك الخامس: محك الأداء أو المنتوج: وهو ما تقدره الجماعة من مستوى أداء يحققه الطفل قياساً بأداء من هم بعمره من الأطفال، ويعتمد هذا المحك على دراسة وتحليل انتاج عدد من الأطفال الموهوبين بسن محددة يشتركون في إنتاج أداء معين ويكون ذلك معياراً لكشف طفل موهوب آخر.

نظرة في العلاقة بين الموهبة والذكاء

استخدم مصطلح الموهوبين في الستينات من القرن الماضي، ويعني أصحاب المواهب والمتفوقون في القدرة أو أكثر من القدرات، ورأى آخرون أن المقصود بالمصطلح هو وصف لمن يحقق مستوى عالي في مجالات غير أكاديمية كالفنون[1]، والألعاب والحرف والمهارات الميكانيكية حيث اعتبرت مهارات لا علاقة لها بالذكاء، ومنهم (لانج وايكبوم – 1932) الذي نادى بأن (المواهب قدرات خاصة ذات أصل تكويني لا يرتبط بذكاء الفرد ، بل أن بعضها قد يوجد بين المتخلفين عقلياً).

ولقد أدى ذلك إلى ابعاد الموهوبين من مجال التفوق العقلي والذكاء غير أن انتشار البحوث والدراسات النفسية والتربوية أدت إلى انحسار هذا الفهم وبدأت المناداة بان المواهب لا تقتصر على جوانب بعينها بل تتناول مجالات الحياة المختلفة، وأنها تتكوزن بفعل عوامل بيئية وليست وراثية كما كان تفسر، فالبيئة هي التي تقوم بدفع الفرد إلى استثمار ذكاءه في هذا المجال أو غيره، ويعني ذلك أن اموهبة عند الفرد ترتبط بمستوى ذكاءه ومستوى قدراته العقلية.

ويؤكد فريهل Frehell – 1961) العلاقة بين الذكاء والموهبة حيث يقول بأن مما لا شك فيه أن الذكاء عامل أساسي في تكوين ونمو المواهب جميعاً).

ولزيادة المعرفة والتعرف على الفروق الفردية بين الأفراد في محور الذكاء (اختلاف درجات مستوى الذكاء) وجدنا ضرورة تحقيق تلك المعرفة من خلال عرض ملخص عن منحنى التوزيع الطبيعي للذكاء، ويسمى منحنى الجرس، ويسمى منحنى التوزيع الطبيعي أو المنحنى الاعتدالي، وللتعريف نقول – هو الرسم البياني الذي يوزع القدرات والسمات بين الأفراد ليظهر الفروق الفردية بينهم بمستوى الذكاء لدى الأفراد المقصودين بهذا الكتاب .

---

[1] المصدر السابق ص 41.

الرسم البياني:

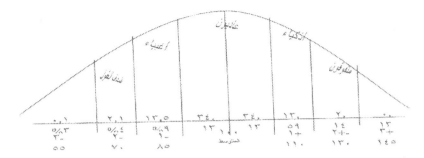

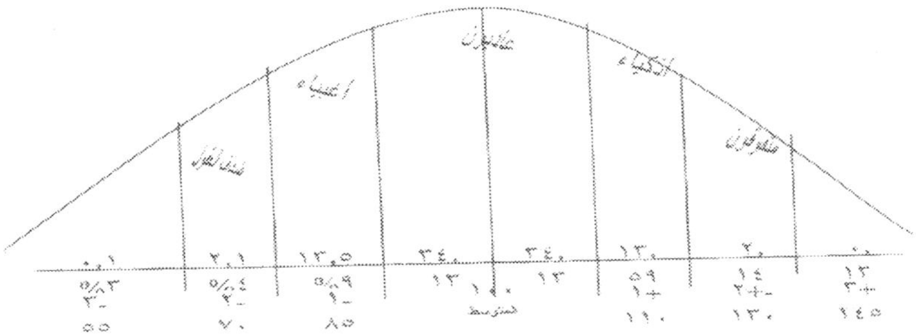

يتضح من الرسم البياني أعلاه أن متوسط نسبة الذكاء عند الفرد العادي تساوي (100) - كما يتضح من ذلك توزيع نسبة الذكاء بين اتلفئات المؤشرة أعلاه كما يلي:

1- فئة الموهوبين (العباقرة): وتمثلب الأفراد غير العاديين في كثير من الأفعال التي يقومون بها حيث تبلغ نسبة ذكائهم المرتفع (145) فأكثر ، ويشكلون حوالي واحد الألف تقريباً (-1) ويمتاز هؤلاء الأفراد بأنهم:

- إنعزاليون.
- يستخدمون لغة صعبة الفهم عند الأفراد العاديين يميلون لمصاحبة منهم أكبر سناً.
- يعتبرون مصدر إحراج لمعلميهم.

2- فئة الذكاء: وتكون نسبة ذكائهم بين (130-145) ويشكلون حوالي 2% تقريباً ومتفوقون بالتحصيل - ويمكن الإشارة إليهم بفئة المتفوقين بالتحصيل.

3- فئة فوق المتوسط: ويتراوح نسبة ذكائهم بين (115-130) ويشكلون نسبة 13.6% وهم قادرون على إكمال دراستهم الجامعية بنجاح.

4- فئة المتوسطين: وهي نسبة عالية حيث يزيد عددهم على 86% وتقع نسبة ذكائهم بين 85-115.

5- فئة دون المتوسط: وينحصر نسبة ذكائهم بين 70 ويبلغ عددهم 13.6% ويشار إليهم بالأغبياء.

6- فئة ضعيف العقول: وتشكل نسبة ذكائهم (70) فما دون وعددهم يقدر بـ 2.3% من أفراد المجتمع.

إن هذه النسب وتصنيف الفئات يقدر ما تعطى المعلم والمربي دليلاً على مستويات تلامذته فهي تعينه أيضاً على إيجاد الفروق الفردية بين الأفراد فهي تساعدهم على إيجاد الطريقة المناسبة للتعامل معهم تربوياً وتعليمياً وللاستفادة الدارس للتربية الخاصة ندرج في أدناه تصنيفاً آخر وضعه العالم (تيرمان Termman 1877-1956م [1].

وعلى النحو التالي:

- أقل من 70 فئة ضعيف العقل.
- 70-80 غبي.
- 80-90 دون المتوسط.
- 90-110 المتوسط
- 110-120 فوق المتوسط.
- 120-130 ذكي.
- 130-140 ذكي جداً.
- أعلى من 140 عبقري.

إضافة لما تقدم فالذكاء يقاس بالاختبارات المقننة لهذا الغرض مثل اختبار قياس الذكاء عند الأطفال وفق اختبار رسم الرجل من إعداد (جوادنف الأمريكية) واختبار بينيه واختبار الذكاء المصور إعداد (زكي صالح) وغيرها.

نظرة للعلاقة بين الذكاء والتفكير

يبدو أن التحديد لمعنى كلمة (ذكاء) ليست واضحة الاستقلال في المعنى لكونها مشكلة لا اتفاق علمي عليها مما جعلها متعددة ترتبط بوجهة الاهتمام نوعاً واتجاهاً أو مجالاً.. فالذكاء هو (القدرة على الربط بين انطباعات منفصلة) كما عرفه (سبنسر) (الذكاء مزيج من السمات يعتمد على الوظائف الذهنية والتفكير وحل المشكلات واكتساب الخبرات الجديدة) كما هو عدد (كاتل) والذكاء عند كلارك (أنشطة دماغية في المجالات المعرفية والحدسية..) والذكاء هو مرونة التكيف وتتجلى في التكيف السريع مع الأوضاع [2]، لكننا نكتشف من المعروض من التعاريف للذكاء أن علاقته بالتفكير كعملية عقلية أو قدرات عقلية أمر شديد الوضوح، غير أننا عندما نريد (للتفكير) تعريفاً مستقلاً أكثر من كونه نشاط عقلي أو عملية ينظم العقل بها خبراته

[1] زيدان، مقيد حواشين، تعليم الأطفال الموهوبين ط 1989 دار الفكر للنشر والتوزيع - عمان الأردن ص 43-44.

[2] فؤاد البهي السيد: الذكاء، دار الفكر العربي ط 4 اسنة 1976 ص 418.

من خلال ما تجمع فيه من رموز وصور وأرقام وألفاظ ومبادئ.. الخ عندها نقف أمام اهتمامات ومعلومات واتجاهات تشكل أنماط للتفكير أساسية تدل كل منها على مقدار المعلومات المتضمنة للموقف المشكل ، وللتصنيف والدلالة نرى أن[1]:

1- التفكير الحدسي (intuitive): يكون عندما تكون المعلومات قليلة ووجهة الحل تقاربية.
2- التفكير الاستدلالي (Logical): عندما يكون مقدار المعلومات كبيراً ووجهة الحل تقاربية يكون التفكير منطقياً (استدلالياً) وهو النمط السائد في أغلب اختبارات الذكاء العام.
3- التفكير الارتباطي الحر (Free association): وهو عندما يكون مقدار المعلومات قليلاً ووجهة الحل تباعدية.
4- التفكير الارتباطي المقيد Controlled: هو عندما يكون مقدار المعلومات كبيراً ووجهة الحل تباعدية أيضاً.

كما تظهر تسميات أخرى لتصنيف التفكير كما هو الحال عند (جيلفورد) بالتفكير المعرفي والتفكير الإنتاجي التقاربي وكلاهما يتطلب الوجهة التقاربية في حل المشكلات، والفرق بينهما هو أن (التفكير المعرفي) يعتمد على الحلول الانتقائية و(التفكير الانتاجي) على الحلول الانتاجية.

يفهم من ذلك أن التفكير عملية عقلية كما هو الذكاء وكلاهما أنشطة دماغية كما هو في تعريف (كلارك) معرفية حدسية.. الخ نفهم من ذلك أن ارتباطاً تفاعلياً يحصل بالدماغ يشكل مقدار المعلومات المخزونة فيه ومستوى المثير الذي يتعرض له يحددان نمط التفكير لحل المشكلات المعروضة عليه:

أما الدماغ: فهو الجزء الأكبر والأكثر أهمية في جسم الإنسان، ويتكون من عدد هائل من الخلايا شديدة التخصص يبلغ عددها (100-200) بليون خلية عصبية مركبة قابلة للتطور والتجديد، والدماغ هو الأساس في النمو وتطور ذكاء الإنسان وشخصيته.

ويتكون الدماغ من أجزاء ثلاثة تختص بالتحكم والسيطرةو على وظائف الإنسان الحسية والحدسية والمعرفية والانفعالية والحركية واللغوية:

- فالجزء الخلفي السفلي من الدماغ يتحكم بعمليات أعضاء الجسم وبالدورة الدموية والتنفس.

---

[1] فؤاد أبو حطب: القدرات العقلية ط 5 1986 ص 302 الأنجلو المصرية – القاهرة.

- الجزء المتوسط : يسيطر على الفعاليات الكيميائية والعواطف والمشاعر.
- الجزء الأكبر وهو المسئول عن حفظ المعلومات والتحكم بكل الحواس وعمليات التفكير والانتباه.

أما مراحل التفكير: فيمكننا عرضها حسب تطور مراحل نمو الطفل بدءاً من الميلاد وكالآتي:

- السنة الاولى - الثالثة مرحلة استقبال المعلومات من الحواس.
- 6-3 مرحلة بدء التفكير والمقارنة.
- 8-6 مرحلة دمج الأشياء وتجمع الصفات.
- 10-8 مرحلة قبول ورفض الأفكار أو التوافق معها.
- 10 فما فوق مرحلة العلاقات والأشياء والربط بينهما.
- 13 سنة مرحلة مراجعة الأفكار وتنظيمها والتفكير المجرد.
- المراهقة وبدء مرحلة التفكير المرن والوعي المنظم.

أسباب الإهتمام بالموهوبين

يقول الأصمعي (لن يزال الناس بخير ما تباينوا، فإذا تساووا هلكوا) إن الفروق الفردية بين البشر خلق الـلـه سبحانه وتعالى فبه رحمة وتكريم للإنسان، والكشف عن هذه الفروق هي فضل ذو العلم والمعرفة الذين أرادوا بأبحاثهم وتجاربهم الكشف عما يمكن أن يتمتع به الإنسان الكامل من قدرات ومواهب قابلة للتنمية والتطوير كلما كان التشخيص دقيقاً، والفروق الفردية بين الأفراد وبعد الثورة العلمية الكبيرة أصبحت علماً خاصاً يسمى (علم نفس الفارق) علم نفس الفوارق الفردية هو من العلوم القديمة الحديثة حيث استفادت منه علوم التربية وعلم النفس والطب والاجتماع عموماً أما على وجه الخصوص فلقد اعتمدت المناهج والبرامج والأساليب التربوية والتعليمية على توظيف عامل الفروق الفردية بمجال التعلم والتدريب والتأهيل بشكل أساسي..

والتربية الخاصة - أكثر المجالات التربوية اعتماداً على تصنيف الفروق الفردية للأطفال والتلاميذ الذين تثبت إجراءات الفحص الطبي والصحي والنفسي والاجتماعي حاجتهم للرعاية الخاصة والاهتمام المتميز والموهوبين والمتميزين من الأبناء التلاميذ هم ذوي احتياجات خاصة لما يتمتعون به من قدرات عقلية وكفاءة وذكاء (متميز) طبقاً لنتائج القياسات والاختبارات التي خضعوا إليها، فهم على مستوى ذكاء عال 130 فما فوق وفق مقياس الذكاء الوارد ذكرها، وهم من حصل على معدل تحصيل دراسي يزيد على 90%.. وهم من كان أدائه متميزاً متفوقاً

على أقرانه بالعمر والمستوى وقد يكون بعضهم متفوقاً على معلميه، وقد تبلغ مستويات التفوق والتميز عند التلاميذ حداً لا يصلح لهم المنهج الدراسي لمرحلة دراستهم مع أقرانهم كون المنهج دون مستواهم المعرفي وقدراتهم التحصيلية.

ويذكر فؤاد البهي السيد / لا يصلح المنهج الدراسي العادي لتعليم العباقرة كونه لا يسايرهم ولا يحفزهم على العمل كون مستوياتهم عالية المواهب.

فعليه ولما تقدم ذكره يمكننا تلخيص أسباب الاهتمام بالموهوبين والمتميزين والمتفوقين من التلاميذ بما يلي:

أولاً: حاجة العصر للتنمية البشرية لأغراض استمرار التقدم العلمي والتي حصلت الضرورة تدعو لاكتشاف الموهوبين والمتميزين لأغراض تطوير قدراتهم والاستفادة من كفائتهم الذهنية في تطوير عملية الانتاج العلمي والصناعي والمعرفي.

ثانياً: إزدياد المشكلات وتنوعها تحتاج إلى كفاءات وقدرات نوعية للتعامل مع المشكلات الحادة البيئية والصناعية والاجتماعية والصحية التي تتعرض لها المجتمعات والتي تتطلب نوعاً متميزاً من البشر للتغلب على مثل هذه المشكلات بسرعة وكلفة مناسبة.

ثالثاً: الحاجة إلى التقنية الحديثة لاحتواء حاجات الفرد المتزايدة والتي هي في الأغلب نتاج عقول المتميزين في التفكير والأداء.

ومن المعلوم حالياً أن السياسات الحكومية وسياسات الشركات العمالية الكبرى تعمل جاهدة في دعم مشروعات اثراء المناهج والبرامج الخاصة لرعاية الموهوبين والمتميزين في العالم، كما أن من المعلوم أن أول جمعية للموهوبين تأسست في عام 1952 في أمريكا ثم انتشرت في بلدان العالم هيئات ومؤسسات تهتم بالبحث عن الموهوبين والمتفوقين لتنمية قدراتهم وتأهيلهم وفق برامج نوعية خاصة لتوظيف إبداعاتهم في التفكير والإنتاج لتحقيق أغراض محددة لتلك الهيئات.

كما أن المؤسسات التعليمية حثما وجدت اليوم تعطى الأهمية البالغة هذا النوع من الرعاية رغنم ما يترتب عللاى ذلك من كلف مادية باهظة، وفي بلداننا العربية تفاوت برامج التأهيل والرعاية للموهوبين لكنها تشكل تقدماً نوعياً بهذا المجال ففي بعض الدول تأسست صفوف للمتمزين ومدارس خاصة ومعاهد كما شمل الموهوبين والمتميزين بقوانين وتعليمات تضمن توفير الأجواء المناسبة للاهتمام بهم ورعايتهم.

الكشف عن الموهوبين

تعد مهمة الكشف عن التلامذة الموهوبين واجباً أساسياً لكل معلم صف أو قائد مجموعة عملا او قائد مجموعة من الجنود إلى غير ذلك، فالكشف عن الموهوب في وسط التلاميذ (الصف) يضفي على الجو التعليمي إعجاباً وتقديراً للقدرات ويثير حماسة الآخرين، والموهوب في عمل إنشائي أو مشروع زراعي يكون فيه دليل يقضيه وانتباه ورؤية تفوق زملاء العمل بدقة الأداء، وقت كشف الخطأ المحتمل وتلافيه، واتلموهوب في حضيرة للجنود يقلل من الخسائر والأخطاء خلال المعركة.. الخ. لذا تعد مهمة الكشف عن الموهوبين عالية الأثر عندما تحقق أغراض بتحديد تلميذ أو أكثر في الصف الواحد، والتحقق منها يمكن أن تثبته الاختبارات والقياسات المعتمدة في التربية والتعليم ... إذاً للموهوب صفات معبر عنها بسلوك يحتاج إلى دقة ملاحظة الوالدين والمعلمين والمشرفين على مجموعات الأداء يمكننا ملاحظتها بدقة وقصدية للكشف الأولى من هذه المؤشرات السلوكية ما يلي:

- هل تتميز حركة التلميذ بالدقة والتوازن في السير والجلوس ومسك الكرة والتقاطها أفضل من زملاءه في الصف؟

- هل يجب الكلام المتوازن في اللفظ والصياغة عند التحدث للكبار؟

- هل يتميز بطريقة استقباله السؤال والإجابة عليه بشكل أفضل وأسرع من زملاءه بالصف؟

- هل تشكل نسبة تساؤلاته عن محتوى الدرس تنوعاً ملفتاً لنظر معلمه؟ كأن يذكر للمعلم بتفسير جديد أو ضرب أمثله جديدة للموضوع؟

- هل خياله أوسع من زملاءه عند عرض قصة أو مضمون واجب مدرسي (تحضير بيتي) أو وصف حادثه معينة؟

- هل يتبنى عرض أو توضيح وجهات نظر زملاءه للمعلم عندما يكون زميله أو تلامذة صفة بمأزق سلوكي؟

- هل ينتقي الموضوعات الأكثر أهمية من غيرها تخص مادة الدرس المعروضة لم يذكرها أقرانه؟

- هل يتعامل مع الوقت الساعة اليوم، الأسبوع) بما يشكف برنامجاً يضعه لنفسه؟

- هل التلميذ متنوع المعارف؟ أية معارف تثير اهتمامه فيتمسك بها؟

- هل صحته ونشاطه الجسمي أفضل من زملاءه بعمره؟

إن مثل هذه الأسئلة والإجابة عليها وملاحظتها المستمرةو في البيت والمدرسة يمكن أن تساعد كثيراً في البحث عن الموهوبين، كما يمكن أن تكون قاعدة للكشف المبكر عن الموهبة عند الأطفال وخصوصاً إذا جاءت موثقة بالبطاقة المدرسية للتلميذ، والتي يمكن أن تصبح دليلاً لاختبارات ومقاييس الذكاء والشخصية.

طرق وأساليب الكشف عن الموهوبين

تعد الاختبارات والمقاييس المقننة طرق موضوعية بدرجة عالية من الصدق والثبات كونها قد جربت قبل استخدامها النهائي على العديد من العينات ووضعت لها معايير ومحكات منها وأهمها:

أولاً الطرق الموضوعية:

1- اختبارات الذكاء: وهي اختبارات تقيس قدرة الفرد على اكتساب الحقائق وتنظيمها واستخدامها في التعرف على الموهوبين والأذكياء..

وتصنف اختبارات الذكاء إلى :

أ- اختبارات الذكاء الفردية: هي طريقة جيدة وعملية للكشف عن الموهوبين والأذكياء غير أنها تحتاج إلى عدد كبير من المتخصصين بالقياس بعلم النفس وهي طريقة يمكن تقسيمها إلى ثلاثة أنماط:

- الاختبارات الفردية: من أمثالها اختبارات (ستانفور - بينيه).
- اختبارات الأداء: لا تستخدم فيها اللغة وهي اختبارات عملية مثل اختبار)(آرثر) لقياس ذكاء الأطفال 5-15 سنة.
- اختبارات شبه أدائية: وتستخدم لقياس ذكاء الكبار وتتكون من قسمين أحدهما لغوي والآخر أدائي مثل اختبار (وكسلر).

ب- اختبارات الذكاء الجمعية: تعطي فكرة عامة عن الأطفال لكنها لا تكشف صعوبات التعلم في القراءة مثلاً ولا تكشف الاضطرابات النفسية ومن هذه الاختبارات.

- اختبار ألفا Alfa : وهو اختبار جمعي لغوي للمتعلمين.
- اختبار بيتا Beta: وهو اختبار جمعي أدائي غير لغوي لقياس ذكاء الأميين.

2- اختبارات القدرات الخاصة (الاستعدادات): وهي اختبارات تبين ذكاء الموهوبين ذوي القدرات الخاصة، وتساعد في التعرف على الموهوبين المتميزين في الميادين الخاصة (الاستعداد) نذكر[1]:

أ- اختبارات القدرة اليدوية: وتستخدم لكشف القدرة على النجاح باستخدام حركات اليدين والذراعين ومستوى التوافق والتنسيق بينهما في القيام بعمل يديوي.

ب- اختبارات المهارات الميكانيكية:ى اختبارات الاستعداد الميكانيكي الأدائي التي يحتاجها الفرد في ميدات تصلليح وتركيب اجزاء الآلات وهي فقدرات بصرية وتحليلية وإدراكية ومعلوماتية، لذا استخدام للاختبار في التوجيه المهني، مثال اختبار (استنكوست) و(لوحة الأشكال) المنقحة لمنسوتا (إعداد ايكرت).

ج- اختبارات القدرة الكتابية: وهي اختبارات تصلح للكشف على الموهبة في الأعمال المكتبية والوظائف التي تحتاج الدقة والسرعة في ترتيب وحفظ الملفات وكذلك في العمليات الحسابية وتحتاج لمهارة يدوية كالكتابة.

د- الاختبارات الفنية لماير (نورمان ماير): وهي اختبارات قياس التذوق الفني عند طلاب المرحلة الإعدادية والثانوية ولكبار، كما تقيس هذه الاختبارات التقدير الفني وهي سمة مهمة لتقدير الكفاءة ، ويقول (ماير) أن خمسة عوامل تدخل في قياس القدرة الفنية هي:

1) المهارة اليدوية.
2) القدرة على بذلك النشاط والاستمرار بالعمل.
3) الذكاءالجمالي (القدرة على إدراك الإحساسات).
4) الخيال الابتكاري وهو القدرة على تنظيم الإحساسات الحية في إنتاج جمالي.
5) الحكم الجمالي وهو القدرة على إدراك الوحدة في التنظيم

ويرى (ماير) أن الأفضل في القياس هو اعتماد العوامل الخمسة بالاختبار.

هـ- اختبارات القدرة الموسيقية.. (كارل سيثور): وهو أفضل اختبار لقياس القدرة الموسيقية التي تحتاج لأكثر من عامل لقياسها كالمهارة اليدوية والمثابرة والنشاط والخيال والابتكار.. الخ.

[1] زيدان ومفيد حراشي، تعلم الأطفال الموهوبين، دار الفكر للنشر والتوزيع 1989 عمان - الأردن ص 54.

و- اختبارات القدرة الفنية والبصرية الأساسي (ألفرد لورنس): اختبار يقيس التفضيل في الترتيب.. ورسم صورة في الذاكرة وتصحيح الرسومات المنظورة ومقارنة الألوان.. الخ.

ز- اختبارات التنبؤ بالنجاح في المواد الدراسية المختلفة.

3- الاختبارات التحصيلية:وهي اختبارات قياس تحصيل التلاميذ بعد نهاية الفصل أو العام الدراسي لبرنامج مدرسي أو برنامج خاص معين، وهذا النوع من الاختبارات يمكن المدرسة من ملاحظة طلبتها الموهوبين عندما يحصلوا على عمر تحصيل أقل من أعمارهم العقلية.

ومن الجدير بالإشارة إليه أن الاختبارات التقليدية والإنشائية والمقالية تختص بقياس قدرة التلميذ على التفكير المنطقي والقيم والاتجاهات وحل المشكلات، غير أنها لا تغطي كل المنهج المدروس، إضافة إلى كونها تتأثر بالعوامل الشخصية كالتحيز، لذا اتجه المربون نحو الاختبارات الموضوعية أو اختبارات التحصيل المقننة، حيث تبين وجود معامل ارتباط بين الاختبارات التحصيل المقننة واختبارات الذكاء، والتي يمكن من خلال التنبؤ على مستوى ذكاء الفرد العام، وبذلك يمكن أيضاً اكتشاف التلاميذ المتفوقين في المدرسة[1].

ويذكر (زيدان ، مفيد نجيب حواشين): أن النقص في هذه الاختبارات أنها لا تكشف الأطفال الموهوبين الذين لا يبذلون مجهودات تتفق مع مواهبهم.

4- اختبارات الشخصية: وهي اختبارات التعرف على سمات الشخصية للطفل من خلال دراسة شاملة وتفيد المعلم على الكشف عن الموهبة لدى تلاميذه خصوصاً عند ملاحظة الرغبة للقيادة والقدرة عليها وتوجيه النشاط وتحمل المسؤولية والابتكار مع ملاحظة جملة تحركات الطفل ونشاطه داخل الصف وبالمدرسة عموماً.

5- مقياس العلاقات الاجتماعية (النضج الاجتماعي)

وضع (أوجردول) مقياس فانيلاند للنضج الاجتماعي والذي هو مقياس لمقارنة سلوك الفرد السوي من عمر بعد الميلاد إلى سن الثلاثين عاماً بخصائص السلوك في سن معين، والمقياس مقنن للأسوياء لقياس درجة نضجهم الاجتماعي من حيث الاعتماد على النفس والمشاركة الاجتماعية حيث يسجل المختبرون أحكامهم بعد مقابلتهم الشخصية لأطفال الفحص ويعطى المقياس درجات يمكن نسبتها إلى العمر الزمني للطفل لنحصل علت العمر الاجتماعي له (المقياس مشابه لمقياس بينيه لتثبي العمر العقلي للطفل).

---

[1] المصدر السابق ص 55.

ثانياً: الطرق الذاتية (اللااختبارية):

1- إن مقولة (ليس هناك من هو أعرف بالفرد من نفسه) عندما يعبر عنها الفرد بكتابته تقريراً ذاتياً عن نفسه يتناول فيه الأشياء الشعورية فقط من حياته (قصة حياته وتاريخه الشخصي) تتضمن واقعه الأسري ولتربوي وخبراته والحوادث التي تعرض لها بشكل أحبه أو كرهه ومشاعره وأفكاره ومذكراته الخاصة مستعرضاً لمزاياه الشخصية ، حيث تجمع هذه المعلومات بأسلوب السيرة الشخصية والتي من مصادرها:

- السيرة الشخصية: التقرير الذاتي كتابة باليد.

- المذكرات الشخصية: نشاط الفرد وعلاقاته.

- المذكرات اليومية: سجل البرنامج اليومي ساعة بساعة.

- المذكرات الخاصة: ذكر الخبرات والأحداث الخاصة.

كما أن المزايا الشخصية للفرد بما فيها من محاسن وعيوب عندما تكون دقيقة أن كل ما تضمنه التقرير الذاتي للفرد ممكن أن يعتمد أسلوباً يساعد في الكشف عن الموهوبين.

2- القياس التاريخي: ويقصد به التقارير التي تتضمن معلومات وملاحظات تجمع من خلال دراسة الفرد بالعودة لماضيه وحاضره عن طريق الاستفسار من الشخص نفسه أو من والديه أو من عاش معه فترة طويلة.

3- الملاحظة: تعتبر الملاحظة أسلوباً مهماً لدى المعلمين والمربين والآباء يساهم في الكشف عن الموهبة ، فملاحظة الأفراد والجماعات في المواقف الاجتماعية وتدوين الملاحظات بدقة أمر مفيد لدراسة حالة الفرد بتحليل الملاحظات واعتمادها وسيلة للكشف عن الموهبة.

والملاحظة أنواع - منها المباشرة وغير المباشرة واللاحظة المنظمة والمقصودة والخارجية والداخلية والملاحظة العرضية والدورية والملاحظة المقيدة والملاحظة بالمشاركة.. الخ، وتأتي أهميتها كونها تتيح دراسة سلوك الفرد والجماعات في الواقف الطبيعية.

4- المسح الاحصائي: إن مسح المبادئ العامة التي يشترك فيها الموهوبين لأجل التوصل من خلالها إلى وضع استراتيجيات خاصة بهم ومعايير للكشف عن الموهوبين.

برامج الموهوبين

يعاني التلامذة الموهوبين من مشكلات ذاتية تربوية ومشكلات عامة اجتماعية، فمشكلاتهم الذاتية تتعلق بالبحث عن طرق التكييف الاجتماعي والانفعالي مع زملائهم من هم أقل منهم ذكاءاً أو دافعية للتعلم وهي مشكلة صعوبة التعايش مع الغير، وكذلك مشكلة أن يكون عرض المعلمين للمادة الدراسيةو دون مستوياتهم في المضمون وفي الأمثلة المستخدمة بعرض المقرر أو شرحه. فالموهوب لا بد من أن يواجه مشكلة تكييف قدراته وذكائه وبما يتناسب والحالة الطبيعية للتجانس مع الأقران.

كما أن ما يقلا عن تكييفه فيب المدرسة يقال عن تكييفه والمجتمع المحيط به حتى وإن كان مرتاحاً من رعاية معلميه ووالديه وذلك كون حياته الاجتماعية تذهب إلى أبعد من ذلك في التعامل مع الآخرين في السوق أو النادي، لذا فالموهوب يعاني نفس معاناة الطفل العادي مضافاً إليها معاناته الناتجة عن حدة ذكائه وموهبته الأمر الذي جعل مشكلات المكوهوبين مكان الاهتمام والدراسة من قبل التربويين عموماً وعلماء النفس التربوي والتربية الخاصة تحديداً، حتى راح عدد منهم ينادي بفصلهم عن غيرهم من الطلبة العاديين وآخرين يضع المبررات ويفند الرأي القائل بذلك وينادي بعدم الفصل بل الدمج مع أقرانهم في الفصل والمدرسة وغيرهم ينادي بتوفير برامج إثرائية تميزهم عن برامج العاديين ويدعي الراغبين بالبرامج الخاصة للموهوبين بين ما يلي:

- أن جوهر الديمقراطية يقر مبدأ إعطاء الطفل ما يناسبه من المعرفة.
- إن فصل الموهوبين وشمولهم ببرامج تربوية خاصة له فوائده التي تجعله قادراً على التعامل على مواطن قوته وضعفه، وأن انتماءه لمجموعة مماثلة له في مستواه العقلي يساعدجه على تكوين مفهونم واقعي عن ذاته، ويساعده على البحث والتفكير ومناقشة الأفكار، كما يؤدي التجميع للمتفوقين بوحدات خاصة إلى النمو السريع في جميع نواحي النمو، كما يرى (باسو Bassow).

أما المعارضون لفصل الموهوبين من بين ما يدعون ما يلي:

- أن مبدأ تكافؤ الفرص في الديمقراطية لا يمنح الطفل الموهوب عناية خاصة به، ولا يمنحه تميزاً عن غيره، وأن عملية الفصل تتنافى مع مبدأ المساواة أيضاً.
- أن الفصل بين التلامذة المتفوقين والعاديين سيخلق مواقف سلبية ضد المتفوقين من التلاميذ مثل الكره والحسد.. الخ.

- إن الفصل يقلل فرصة استفادة التلامذة العاديين من زملائهم المتفوقين، كما يقلل من فرص النضج الاجتماعي للمتفوقين.

ومن الجدير بالذكر: أن الفصل لمجموعات التلاميذ غير العاديين ليس شيئاً جديراً خاصاً ببرامج التربية الخاصة فحسب بل إنه نظام مدرسي يقوم على الفصل وفقاً لمستوى العمر العقلي والمدارس العادية نظام يعتمد على العمر الزمني[1].

لقد أثبتت الدراسات فوائد فصل الموهوبين في صفوف وحسب برامج خاصة مثل الدراسات الأجنبية (ديرس وجاربو، ودراسة داي Dye) ومن الدراسات العربية دراسة عبد الغفار وغيره.

أهم البرامج الدراسية للموهوبين

لقد أوضحت الدراسات آنفة الذكر أن الموهوبين الذين لا يلقون اهتماماً خاصاً وبرامج رعاية مناسبة لمستويات ذكائهم لا يشعرون بالارتياح لمختسواهم الأكاديمي بل يترتب على ذلك إصابتهم بالإحباط لوجودهم مع تلاميذ أقل منهم مستوى عقلي.

لذا اعتمدت نظم التعليم المتقدمة برامج خاصة لرعايتهم العلمية والتربوية تتناسب وقدراتهم العقلية ومستوى الذكاء عندهم نذكر أهمها:

أولاً: برامج الإثراء المعرفي (الإغناء التعليمي):

وتعتمد هذه البرامج استراتيجية تدعيم المناهج، بإضافات معرفية متميزة بالمقارنة مع برامج التلاميذ العاديين، مستهدفين بذلك البرنامج تطوير المواهب والقدرات المتعددة ، كالربط بين المفاهيم والأفكار وتقويم الحقائق والقدرة على مواجهة المشاكل المعقدة، وخلق آراء سديدة جديدة والقدرة على فهم المواقف الجديدة مهما تنوعت فالإضافات المعرفية هذه عندما يعدها البرنامج المدرسي الخاص يتجه إلى:

أ- زيادة المادة المتصلة بجوهر المنهاج.

ب- توسيع دائرة المعرفة بمواد إضافية ذات ارتباط جانبي بالمنهج.

وكما يبدو أن للمدرسة وللمعلم دور واضح الأهمية في استراتيجية إثراء المنهج وتطبيق النشاطات التعليمية ذات القدرة على إثارة وتحفيز قدرات التلاميذ ، ومن هذه النشاطات ما يلي:

1- تكليف التلميذ بكتابة خاصة بموضوعات مادته التعليمية إضافية وذات رأي خاص به وتعتبر واجبات إضافية أيضاً.

---

[1] عبد الغفار السلام، سيكولوجية الطفل غير العادي، ص 298.

2- إشراك الموهوبين بزيارات كشف واستطلاع للمعالم المضاربة الأثرية أو المصانع والمعامل الكبيرة والاستماع إلى آراء التلاميذ وبالأخص الموهوبين منهم تتضمن انتقادهم لنقاط الضعف والقوة المزار مصنعاً كان أم أثراً.. الخ.

3- تكليف الموهوبين بمهام مكتبية لتنظيم مكتبة المدرسة وجر عناوين الكتب والموضوعات وإعداد التقارير بتعويد الموهوب على متابعة الإصدارات الحديثة والكتب التي تثيره وتستهويه قراءتها.

4- يكلف بإعداد تقارير عن الأفلام السنمائية ذات الطبيعة العلمية والخيال العلمي ونقده لها يمكن عرضه بموافقة المدرس وإشرافه على التلاميذ

5- يشكل عقد الحلقات الدراسية الخاصة بالموهوبين فرصة كبيرة لهم لتناول الخبرات والمعارف وللتنافس المعرفي الذي يمكن أن ينمي فيهم الثقة بالنفس وبالقدرات الخاصة والموهبة.

6- ان تشكيل الجمعيات والأندية العلمية والاجتماعية والثقافية والموسيقية مناخات صالحة بتكوين علاقات متكافئة بين الموهوبين أنفسهم وتنمية وتطوير مهاراتهم الفنية إن وجدت او منحهم فرصة لخدمة ميول جديدة آلة موسيقية أو قراءة الشعر.. الخ.

ثانياً: التسريع (Accelevation):

ويقصد بالتسريع - السماح للتلميذ بدراسة مواد دراسية لمرحلة دراسية أعلى من مرحلة التلميذ الدراسية بزمن أسرع وانجازها باختبار الاختبار بنجاح وتفوق وبهذا يمكن للتلميذ المسرع إنهاء فترة تعليمية بزمن أقل.. ويسمى التسريع حياناً بـ (التكبير).

لقد سجلت التجربة العراقية بالتسريع أو التكبير نجاحاً في العقدين الماضيين حيث خصصت لهم مدارس خاصة وبرامج مقننة غير أن مشروع التسريع للتلامذة المميزين علمياً قد أصيب بعد الاحتلال الأمريكي العراقي الذي استهدف العلم والعلماء بالعراق ومدارس المتميزين أيضاً، كما اعتمد التسريع في المدارس الثانوية والابتدائية في عدد من الدول العربية بنجاح.

ومن طرائق التسريع نذكر مايلي:

1- طريقة السماح للطفل الموهوب الالتحاق بالمدرسة الابتدائية في سن مبكرة وقبل السنة السادسة من العمر خلافاً للسن القانونية المعتمدة في معظم دول العالم.

ولقد برز البعض نجاح هذه الطريقة إلى أن اتساع دائرة تأثير وسائل وطرق التعليم ونشر المعرفة قد ساهما كثيراً في تنمية وتطوير قدرات الطفل العقلية قبل السن السادة من العمر إضافة إلى بيئة الطفل الاولى (الأسرة) وما يتخللها من رعاية أبوية مقصودة واهتمام وتشخيص كل ذلك يساعد على نجاح هذه الطريقة بتسريع التحاق الطفل بالمدرسة الابتدائية، كما جرت تعديلات إدارية وقانونية بذلك.

2- طريقة تسريع الطفل ذو القدرات العقلية بتخطيه صنف أو صنفين مرة واحدة مقارنة بزملاء مرحلته التعليمية، وتسمى بعملية (القفز) والتي تفهم بالإسراع أو التسريع، غير أن هذه العملية أو الطريقة محفوفة بالمخاطر ولا تحظى بتأييد التربويين التقليديين كونها عملية غير عادية، واشترطوا لذلك أن يمر التلميذ بالمعلومات الأساسية للمرحلة التي تخطاها كون مثل هذه المعارف ضرورية كما يلحقها من معلومات بدراسة الطفل المستقبلية.

3- طريقة اجتياز الطفل أو نقله إلى صفوف أعلى في زمن أقل (Advanced Placement) وهي تتيح للطفل الموهوب اجتياز مناهج الصفوف الثلاث الاولى للمدرسة الابتدائية بأقل من ثلاث سنوات كأن تكون بفترة سنة ونصف أو اجتياز منهاج السنة الواحدة بنصف سنة وحسب قدرة التلميذ وموهبته، ويعتمد مثل هذا الأسلوب ما يحصل باختزال مراحل الدراسة الجامعية كما في نظام الكورسات او الساعات المعتمدة.

وعلى كل حال وكيفما جاءت الطريقة فالتسريع بالمدرسة الابتدائية أمر يمكن في الحدود الضيقة قد لا يضر بالأطفال بل يعطيهم فرصة اختزال الزمن كلما كانت اختبارات تشخيص الموهبة فيهم دقيقة وصحيحة، وعندها يعتبر مبرراً لهذه الطريقة بقصد الاستفادة والاستثمار في وقت مبكر لقدرات الأبناء المتفوقين.

ثالثاً: طريقة تجميع المتفوقين:

وهو نظام المدارس الخاصة أو الصفوف الخاصة أو تجميع المتفوقين بنوادي وجمعيات خاصة، وكما هو الرأي الآخر لمن يصف الطريقة عزلاً، يرى المؤيدون للطريقة بأنها طريقة المجتمعات المتجانسة والتي تساعد على تجنب الميل للغرور والكبرياء التي يتصف بها المتفوقين ومن هذه الجمعيات نذكر:

أ- المدارس الخاصة بالموهوبين:

وهي مدارس لتجميع الموهوبين بمدرسة واحدة ونظام واحد وتوضح لهم برامج مناسبة لفئة هذا النظام، ويحقق هذا النظام للمتفوقين اختزالاً لسنوات دراستهم. ويستند هذا النظام على المواصفات التالية

- توفير الاختصاصيين للتدريس.

- قلة عدد تلامذة الصف الواحد.

- توسيع مساحة التجاوب بين أطفال المستوى الفعلي الواحد.

ولقد ذهبت بعض الولايات الأمريكية إلى تأسيس مثل هذه المدارس الخاصة الملحقة بكلية هنتر (Hunter College) الابتدائية والتي تقبل التلاميذ بمستوى ذكاء (13) إلى جانب الاختبارات التحصيلية ونتائج الملاحظة لنضج والاتزان الاجتماعي والانفعالي.

كما أن في بريطانيا وفي ألمانيا الاتحادية مدارس من هذا النوع تسمى (الجمينزيوم) حيث تعتمد على درجة الذكاء واختبارات التحصيل.

ب- الصفوف الخاصة بالمتفوقين:

وهي صفوف تضم نخبة من المتفوقين والموهوبين من التلاميذ الذين يجتازون بنفس أسلوب اختبار تلامذة المدارس الخاصة الوارد ذكرها، حيث يجتمعون في الصفوزف الفخاصة بالدروس التي تحتاج لمجهود ذهني أوقات الدراسة والاستذكار ويشتركون مع زملائهم العاديين بدروس الألعاب الرياضية والفنون والموسيقى ويختلطون بالمسابقات وغيرها.

إضافة لكل ما تقدم، فقد احتلت برامج الموهوبين والمتميزين مكانة متميزة هي الأخرى في أنظمة التعليم العام والخاص بكل دول العالم كما تنوعت التجارب والدراسة المهمة بذلك منها ما تعلق بالفصل الخاص المعدل أو بنظام المدرس غير المقيم (الخبير والموجه) حيث يسند الدور للمعلم المتخصص وفقاً لتوقيعات أسبوعية، كما أن النوادي والجمعيات الخاصة هي الأخرى تميزت ببرامجها المقصودة لتطوير القدرات الذهنية عن طريق برامج التدريب المتخصص وتنمية المواهب السائدة لتنويع المهارات والدافعية عند الموهوبين.

أما تفريد التعليم - فهو الآخر بكل حالة لوحدها والعمكل على تطويرها وفق خصوصيتها وميولها ورغباتها - وتستعين طريقة تفريد التعليم باعتماد الحاسوب والتعامل

110

معها آلة للتعلم وآلة للبحث التربوي.. أما التعليم المبرمج الذي بدأت فكرته عام 1926 بجامعة أوهايو الأمريكية سهل الكثير من الاختبارات الموضوعية والتعلم عن طريقها.

الانحراف الاجتماعي

إن البعد الاجتماعي في وصف الإعاقة السلوكية كالانحراف الاجاتماعي تعد من أقدم مشكلات علوم الاجتماع والنفس والتربية، وهي من أحدث الاهتمامات المجتمعية في الوقت نفسه بعد تطور علوم البحث المختلفة، حتى أصبحت ظاهرة الانحراف الاجتماعي موضوعاً يشغل السلطات القضائية والسياسية أكثر مما تشغله الظاهرة نفسها مسارات علالوم الاجتماعية والنفسية والتربوية والطبية.

وذلك نتيجة لتزايد خوف الآباء على أبنائهم والمدارس على تلامذتها والحكومات على سياستها الاجتماعية وخصوصاً بعد ازدياد المال والصناعة والتكنولوجيا كقوى مؤثرة على وجود الإنسان وسلوكه، حاجاته وميوله ورغباته، حتى تضاعفت متغيرات الاتجاه لدى الفرد وتنوعت لتصل حداً لا يتمكن الإنسان لوحده من السيطرة على غرائزه ودوافعه التي أضحت خارج قدراته الذاتية في ضبطها والتحكم بها بدون توجيه وتدخل الآخرين وبوسائل تحظى قبوله وترضي قناعاته.

والتربية الخاصة - بخدماتها وطرائقها وأساليبها لا تشكل وحدها عصى سحرية في التشخيص للحد والعلاج وإعادة التأهيل بل أصبحت طرفاً علمياً مع العلوم النفسية والصحية والتربوية والقضائية طرفاً متحكماً بالعلاج وإعادة التأهيل النفسي - الاجتماعي... والدارس العادية والخاصة بمختلف مستوياتها أصبحت ورش للكشف والتشخيص والمعالجة للأطفال المعرضين للانحراف الاجتماعي وللمنحرفين من التلاميذ بنفس الوقت.

كما أصبح التعريف للانحراف الاجتماعي يخضع لأكثر من اجتهاد علمي ويمثل أكثر من تجاه، ويصوب مهارات التشخيص لأكثر من عمر ومرحلة تعليمية بل لأكثر من تعرف وسلوك.

فالتعريف الاجتماعي للانحراف ينشأن من البيئة دون تدخل العمليات النفسية المعقدة التي تلعب دورها على مسرح اللاشعور، والأحداث المنحرفون (أكثر اهتمام التربيةالخاصة) هم ضحايا ظروف اجتماعية خاصة اتسمت بعدم الاطمئنان والاضطراب الاجتماعي[1].

---

[1] منير العصرة، انحراف الأحداث ومشكلة العوامل - الاسكندرية 1974 ص 36-38 مصر العربية.

(ويرى الدكتور منير العصرة - 1974) أن الانحراف (موقف اجتماعي يخضع فيه الصغير السن لعامل أو أكثر من العوامل ذات القوة السببية مما يؤدي به إلى سلوك غير المتوافق أو يحتمل أن يؤدي إليه) والانحراف (سلوك غير متوافق أو يحتمل أن يؤدي إلى عدم التوافق) وهو مدلول واسع يشمل كافة المظاهر السلوكية المضادة.

أما مفهوم جناح الاحداث لمفهوم منبثق عن الانحراف الاجتماعي ليشمل مرحلة عمرية تصل إلى سن ما قبل الثامنة عشرة، فلم يفلح مؤتمر جنيف الدولي في آب 1955 لمكافحة الجريمة من إيجاد تعريف لجنوح الأحداث بحيث رأى البعض أن يقتصر التعريف على الأحداث المنحرفين وحسب الجريمة، بينما ذهب الرأي الآخر بأن يشمل التعريف الأحداث المعرضين للانحراف، حتى أصبح الاتجاه الأول شأناً قانونيا، والاتجاه الثاني شأناً للمجتمع والتربية والتأهيل.

أما المدرسة الاجتماعية النفسية - فلقد وجدج أنصارها أن (المحرك الأساس للسلوك المنحرف هو الانفعال) لذا يمكن للشخص الطبيعي وقف الانفعال وذلك بالابتعاد عن المواقف المؤدية إليه.

أما مدرسة الدفاع الاجتماعي: يرى أنصارها أن (المنحرف ليس إلا شخصاً افتقد لأسباب ذاتية القدرة على التوافق مع المجتمع) وهو خروج عن معايير الجماعة.

أما المدرسة الطبيعية: حيث ذهب رأي (العاغلم لميروزو) الذي يجد في الإنسان المجرم يولد نموذجاً مميزاً عن غيره من الناس (المجرم بالفطرة) ، لكن نظرية تطورات لاحقاً لتصبح أقل غلوياً - حيث أصبحت ترجح دور العوامل الطبيعية المتصلة بالتكوين الفطري للجاني.

ويتضح من التعريفات الآنفة الذكر أن الأسباب الرئسيية للإنحراف الاجتماعي هي:

1) عدم التكييف الاجتماعي.
2) نقص الرعاية لاجتماعية الحكومية.
3) سوء المعاملة وشدة العقاب.
4) ضعف العلاقات الأسرية.
5) غياب الرقابة الاجتماعية المسؤولة.
6) سيادة المجهولية في المجتمعات الكبيرة.
7) تأثير الإعلام المرئي وفقدان الرقابة على الرقوق والأفلام السنمائية.
8) غياب دور المنظمات والجمعيات الاجتماعية.

9) ضعف سيطرة المدرسة على التلاميذ.
10) غياب التنسيق بين السلطات التربوية والمحلية.
11) شكلية دور مجالس الآباء والأمهات ونقص استجابتها والسلطات المدرسية.
12) انتشار تجارة المخدرات والمسكرات وتنوع أساليب استخدامها (حقن، أقراص)
13) نقص وسائل اللهو الشريف والمتعة والتسلية الهادفة للتنفيس عن الضغوط النفسية على الأطفال والمراهقين.
14) الفقر وضعف المستوى المعيشي والاقتصادي للأفراد.

التشخيص والمعالجة

تتفاقم حدة الانحراتف الاجتماعي كماً ونوعاً في المجتمعات الكبيرة التي تسودها المجهولية، وتتأزم فيها العلاقات الأسرية، وتتداخل فيها مفاهيم الحرية والديمقراطية والشخصية المستقلة، ونقل فرصة إشراف الوالدين على تربية أبنائهم وخصوصاً بعد ما شاع استخدام وسائل الاتصال المرئي والمسموع وبرامج الشبكة العنكبوتية حيث أصبح الفرد مرتبط بها بشدة والتزام هو استخدام مطلوب حضارياً غير أن هذا الاستخدام ذو حدين وأهداف متعددة بنفس الوقت الأمر الذي يستوجب تقنين وترشيد استخداماته، أما في مجتمعات الدول النامية ذات الطبيعة المحافظة والملتزمة بقيمها وعاداتها وتقاليدها فما يسجل من حلالات الانحراف الإجتماعي بين أبنائها فهي بسبب صعوبة تلبية حاجات الفرد من جهة والتقليد لموجات الغزو الثقافي من جهة أخرى والسلوك المستورد والمثير للميول والدوافع عند الأطفال والمراهقين الأمر الذي دفع السياسات التربوية إلى دراسة حالات الانحراف الاجتماعي المؤثرة من قبل إدارات المدارس أو السصلطات المحلية والقضائية أو تأثيرات الوالدين وملاحظتهم حيث تعد مصادر مهمة للتشخيص وعلى النحو الآتي:

1- ملاحظات الوالدين وأفراد الأسرة عن سلوك أبنائهم.
2- ملاحظات إدارة المدرسة ومعلمي الصفوف بالأخص.
3- نتائج متابعات السلطات المحلية (دوائر الشرطة والقضاء).
4- الدراسات والبحوث المنفذة داخل دوائر الاصلاح والسجون.
5- التقارير الطبية والصحية للأطفال والأحداث الجانحين.
6- الاختبارات والمقاييس الاجتماعية.

أما معالجة الإنحراف الاجتماعي وجنوح الأحداث فهي قضية لا تبدء ولا تنتهي بتشخيص الطفل المنحرف بل تبدأ من معالجات للبيئة والحد من العوامل الدافعة للانحراف.

والتربية الخاصة وطرائقها وأساليبها يمكن أن تلعب دوراً بالغ التأثير على الفرد المنحرف وبيئته وبنفس الوقت فحماية الفرد والمجتمع من آفات الفساد والفقر والجهل هي الضمانة الأكيدة لأية معالجة طبية كانت أن نفسية اجتماعية ، وللتربية الخاصة آليات عمل وخدمات تأهيل ونوجز بالذكر لأهمها:

1- إخضاع المنحرفون إجتماعياً للفحص الطبي للتأكد من عدم وجود خلل فزيولوجي عضوي لدى الفرد المفحوص.
2- إلحاق الأطفال والأحداث المنحرفين إلى لجان الفحص النفسي - الاجتماعي لتسمية مستوى الانحراف ودرجته ونوعه.
3- فحص بيئة الأفراد والمنحرفين (البيت، المجتمع المحيط، الزملاء).
4- إدخال المصنفين بمراكز الرعاية والتأهيل النفسي - الاجتماعي والصحي في حالات الإدمان والاضطراب الالنفسي والعدوانية.
5- تأهيل الأحداث الجانحين في مراكز الإصلاح والسجون تأهيلاً مهنياً - حرفياً لإعادة تكيفهم الاجتماعي واكتسابهم للمهنية أو الحرفية.
6- نشر الوعهي الاجتماعي العلاجي لدى أفراد بيئة المنحرف وأسرته لتقبل عودتهم ومنحعم فرصة للتكييف الاجتماعي وللدور الاجتماعي للفرد السوي.
7- نشر ثقافة الانتماء للمجموعة وروح العمل الجماعي بين المؤهلين.
8- تقديم الدعم المادي للمؤهلين وافساخ فرص للعمل أمامهم.د
9- إخضاع المؤهلين للفحص والعلاج الدوري ولفترات تقدرها هيئات التشخيص المختصة.
10- مراقبة سلوك المؤهلين داخل المدرسة والمعمل والنادي وبأسلوب غير مباشر وتدوين الملاحظات ببطاقاتهم الشخصية.
11- تنمية المواهب ورعايتها وتشجيع الميول والرغبات الايجابية لدى المؤهلين وتعزيز فرص نجاحهم وتفوقهم لاعادة الثقة بأنفسهم ولتوسيع مساحة قبولهم الإجتماعي.
12- إعطاء المدرسة ومركز الارشاد النفسي والتربوي والمعلم المرشد دوراً واهتماماً أكبر لمثل هؤلاء الأطفال داخل المدرسة ويمتد إلى الأسرة والأقران والجيران.

كثيراً ما أكدت الفعاليات التربوية والتعليمية على ضرورة المراقبة المصممة والمقصودة للنمو النفسي والاجتماعي للتلاميذ داخل المدرسة وأجواءها،ى لدراسة سلوك وتصرفات التلاميذ في تعلمهم ودراستهم وكذلك في لعبهم ولهوهم، كما أعطت الإدارة التربوية أهمية للبطاقة المدرسية لطكل طفل وتلميذ لما يمكن أن تضمنه من ملاحظات ومؤشرات يمكن أن تكون دليل تشخيص لحلالات الإنحراف لأغراض تحجيم الحالة وحصرها بحدود أقل الأضرار على الأقران ولاحتواء السلوك المنحرف بالسرعة الممكنة، فقد تكون المدارس بؤراً لانتشار أنواع من السلوك المنحرف كالمخدرات والشذوذ الجنسي والعدوانية.

وعندما يقال - التلميذ أمانة مربية - تنكشف عظمة دور المربي العربي والإسلامي وأهميته في تربية الأبناء عموماً وفي تقويم سلوكهم خصوصاً.

الإرشاد النفسي - التربوي لذوي الاحتياجات الخاصة[1]

إن خصوصة ذوي الاحتياجات الخاصة ومن مختلف الأعمار والمهن وللأغراض الحياتية المختلفة مثل العمل التدريب الدراسة والتأهيل المهني الفني والتكييف الاجتماعي والنفسي وغيرها من فعاليات الحياة المطلوبة كل تلك الخصوصية تبرز دور وأهمية الإرشاد النسي - التربوي كخدمة إنسانية أولاً ولتحقيق أغراض اقتصادية اجتماعية ثانياً، على الرغم من أن الأطفال المحتاجين للإرشاد تختلف طرائق إرشادهم النفسي طبقاً لنوع الإعاقة ودرجة تصنيفها - فرعاية الارشاد وبرامجه للمكفوفين أو الصم هي غيرها للمتخلفين عقلياً او بدنياً على سبيل المثال، ويعني ذلك أن الإرشاد النفسي - التربوي كعملية أساسية في خدمة هذه الفئات لا بد لها وأن تواجه مشكلات كل فئة بدرجة عالية من الاهتمام والرعاية.

فعليه يمكننا تشخيص أهداف الارشاد النفسي - التربوي بهذا المجال بثلاث نقاط:

1- تسهيل مهمة إلحاق المعاق إلى مدارس ومعاهد التأهيل التربوي والمهني أو الحرفي المتوفره في بيئته لتأكيد فرصة تكافئ فرص أقرانه في المجتمع وبما يناسبه ويخدمه.
2- تنمية شعور المعاق بإمكانيته على التعامل مع غيره وفق قدراته للمساهمة الفاعلة في حياة المجتمع، فلا ضعف فيه ولا قصور ولا انطوائية.
3- معالجة الآثار الناجمة عن الإعاقة بحد ذاتها، وجعل مفهوم الذات مكوناً سليماً له في شحذ همته وقدرته للتعويض عن القدرات الأخرى التي فقدها.

[1] د. صالح حسن الداهري: مبادئ الارشاد النفسي والتربوي ، مؤسسة حماد اربد - الأردن.

4- توسيع مساحة فرص التفاهم والعمل المنتج والرغبة المشتركة مع أقرانه في التعلم والتدريب والدرس.

إن خصوصية فئات ذو الاحتياجات تضع الآباء والمعلمين والمربين أمام تحديد وتمحيص لنوع المشكلات ومستوياتهم التي تشكل معاناة المعاقين نذكرها على النحو الآتي:

أولاً: مشكلات اجتماعية:

وهي المشكلات الناجمة عن اتجاهات الآخرين نحو المعاق ، كالشفقة المفرطة أو التجاهل والإهمال والدونية.. وهذا النوع من التعامل سواء أكان من قبل الوالدين أو الأقران هو وليد النظرة القديمة للعاهة باعتبارها عقاب إلاهي للمعاق نفسه أو لولالديه.. إن اتجاه من هذلا النوع ويأتي مستوى أو درجة تكون ذا تأثير نفسي سلبي كبير وثقيل على المعاق يشعره بالكراهية والقلق ولحد الانتقام من العاديين أو من نفسه مما يسئ ذلك على تكيفه الاجتماعي وهذا النوع من المشكلات واضحة في المجتمعات المتخلفة ثقافياً واقتصادياً واجتماعياً ممثل عدم زواج المعاق أو ضعف فرص زواج أخواته وإخوانه تخوفاً من انتقال العاهة إن كانت وراثية وغيرها.

ثانياً: المشكلات التربوية - النفسية:

إن عدم تقبل المعاقين في المجتمع كفرد له حقوقه في الإنسانية تنسحب غالباُ على عدم تقبله في المدرسة أو الجماعة أو اللعب مع أقرانه مما يؤدي إلى مضاعفة الشعور السلبي عنده حيث يفقد ثقته بنفسه مكوناً له مفهوماً خاطئاً لذاته يدفعه في الغالب للإنطواء والتقوقع حول ذاته رافضاً للآخرين خائفاً منهم لا يملك الرغبة والمرونة في التفاعل مع الآخرين مما يؤثر عوقاً جديداً في صحته النفسية.

ثالثاً: مشكلات جسمية:

تتنوع المشكلات الجسمية للمعوق كونها تتصل بنوع العوق وأثره في الشكل الخلقي البدني الظاهر أثناء الحركة أو الكلام أو النظر أو السمع وهي مشكلات تعد في نظر المؤلف - ذات الأولوية في العلاج والتأهيل كونها تشكل المظهر اللازم للدخول للمجتمع والتعامل مع الآخرين وإن كانت بالمعينات أو الأجهزة المساعدة وهي مشكلات تحتاج دائماً إلى كلف مادية كبيرة وتحتاج إلى دخول الدولة دائماً كطرف أساسي لحل مشكلات الإعاقة.

رابعاً: مشكلات مادية:

يعد هذا النوع من المشكلات بأنها مشكلات حل مشكلات ذوي الاحتياجات الخاصة وفي كل حالات تصنيف الإعاقة ومستوياتها وعلى صعيد كل المعاقين وظروفهم المعيشية والاقتصادية فالمعروف عالمياً ارتفاع كلف تربية وتعليم وتدريب وتأهيل المعاقين، وكذلك ارتفاع كلف الأدوات المساعدة والمعينة وكلف الخدمات الصحية والطبية والعلاجية، والمشكلة هذه تعد أيضاً من الأسباب الرئيسية في تقديم مجالات الرعاية والعناية بالمعاقين أساليباً وطرق وأدوات.. لذلك تعتبر كلف التربية الخاصة أعلى أضعاف المرات لكلف التربية العامة.

حاجات برامج الارشاد التربوي والنفسي

لا شك في أن حاجات المعاقين مختلفة طبقاً لنوع تصنيف ومستوى الاعاقة ومن حيث اختلاف الحاجات الناجمة عن الإعاقة سواء أكانت الحاجات مادية مثل الأجهزة والمعدات والمعينات والأبنية وآليات النقل أو اختلاف الحاجات النفسية - التربوية، كوسائل وأساليب التعليم والتدريب والتأهيل (خصوصية إعداد معلمي ومربي التربية الخاصة).

فالمرشد النفسي - التربوي وبرامج الارشاد عموما تمثل نوعاً هو الآخر خاصاً لكي يحقق أغراضه وغاياته والتي يمكن ان تحقق أهدافها إن توفرت البيئة المطلوبة واللازمة لتنفيذ برنامج الإرشاد النفسي - التربوي والذي لا بد له وأن يبدأ من توفير الخدمات التالية:

1- التشخيص الطبي: إن الخدمة الطبية تشخيصاً للإعاقة أو معالجة للمعاقين تحتل المكانة المتقدمة ابتداءاً في التربية الخاصة ومجالاتها المتنوعة في الفرز والتصنيف والعلاج، فالفحص الطبي والتقرير الصحي والبطاقة الشخصية هو الدليل والطريقة لرعاية المعاقين وخدمتهم المستقبلية لذلكتكون من اولويات اهتمامكتب الارشاد النفسي والتربوي بالمدرسة أو بيئته ذو الاحتياجات الخاصة كما تكون خدمة التشخيص الطبي مسنداً للمناهج والبرامج اللاحقة لكل مستويات الرعاية والتأهيل.

2- التشخيص النفسي: ويتمثل بحاجة المرشد النفسي لتطبيق الاختبارات العقلية الذكاء ولقياس القدرات الخاصة على التفكير وكذلك قياس القدرات الخاصة للتكييف الاجتماعي الشخصي إضافة للكشف على الميول والرغبات وهو الأمر والحاجة اللازمة لبناء المناهج والبرامج والأساليب والطرائق ذات الدور الأساسي في عملية التأهيل والتعليم والتدريب لذوي الاحتياجات الخاصة عموماً.

3- التقويم التعليمي: لا بد للمرشد النفسي والتربوي من اعتماد اختبارات لقياس التحصيل ومستويات المعرفة عند المعاقين لأهمية ذلك في تقويم أداء التلاميذ التحصيلي وكذلك لبناء أو تحديد البرنامج التعليمي المناسب ونوع الإعاقة ودرجتها ومديات التطور المعرفي الحاصل لدى التلاميذ لذا فالمدارس التي يكون مكتب الإرشاد النفسي فاعلاً في تقويم الأداء أو التحصيل يكون قادراً على مراعاة عيوب التلاميذ ومعالجتها لضمان صحة العملية التعليمية - التربوية.

4- التقويم الاجتماعي: يمثل حاجة مهمة للمرشد عندما يكون دروه مستنداً على جمع البيانات اللازمة لتوصيف وضع الطفل أو التلميذ الاجتماعي بدأ من الأسرة وتنشئته الوالدين والبيئة المحيطة وذلك لكون التقويم الاجتماعي يكشف عن الاتجاهات لدى التلاميذ لتحسنها ومعالجتها عند الضرورة لتجنب الانحراف والسلوك السلبي ولبناء الشخصية.

5- التوجيه والتأهيل المهني: يشكل هذا الصنف من الحاجات دوراً أساسياً في توجيه التلاميذ المعاقين نحو المهنة اختباراً وتأهيلاً، فكلما كان مكتب الإرشاد التربوي والنفسي للمدرسة او المنطقة التعليمية فاعلاً كانت فرص إشراك المعاقين وتوظيف مهاراتهم وقدراتهم لخدمتهم ولخدمة مجتمعهم ولتحقيق أهداف نفسية واجتماعية بذات الوقت مثل المساعدة على التكيف الاجتماعي وتعزيز الثقة بالنفس وشعور المعوق بدوره في المجتمع كونه عضواً منتجاً ومؤثراً فيه ومحترماً عند أقرانه.

6- الخدمات الاجتماعية: تساهم الخدمات الاجتماعية بدورها النفسي - الاجتماعي في تحسين اتجاهات المعاقين نحو الآخرين في المدرسة أو النادي الرياضي أو الجمعية الخيرية أو الثقافية كما يعد تشجيع المعاقين على الانتماء لمثل هذه المؤسسات 1ذات الطبيعة الاجتماعية والعمل الجماعي ببرامجها المختلفة العلاجية والترويحية والرياضية والبدنية تعد أدوارها أحد أهم وسائل العلاج الطبي أو التأهيل المهني الحرفي كما هو الحال في مجالات الفنون حيث الفنانين المشهورين من المعاقين أو الرياضيين المتميزين في مشاركتهم في البطولات الدولية والمنافسات الرياضية والترويحية، أن هذا

النوع من الخدمات يسهم في تنمية روح الانتماء للجماعة وإذ كان روح التنافس واحترام قدرات وآراء الآخرين.

من مشاهير المعاقين في العالم

1- إيان بن عثمان: هو ابن الخليفة عثمان بن عفان رضي الـلـه عنه.. إمام فقيه أمير - والي الدينة المنورة سنة 76هـ متوفي سنة 85هـ، عوقه - الصمم والحول والبرص ومصاب بالفالج.

2- أبرهة الأشرم (ملك اليمن): حكم اليمن وأقدم على هدم الكعبة انتقاما من العرب آنذاك.

3- الأحنف بن قيس: من أشهر الخطباء والحكماء والقادة عوقه كان أحنفاً (أعوج الرجلين) وأعور متراكم الأسنان قصير القامة دعى له الرسول الأعظم (صلى الـلـه عليه وسلم) بـ (اللهم اغفر للأحنف) شارك في الجهاد الإسلامي، قال عنه الجاحظ بأنه(أبين العرب والعجم قاطبة).

4- الأحوص عبد الـلـه بن محمد: الشاعر الأموي وهو أوس الانصار عوقه كان أعرج أحمر اللون قصيراً نحيفاً قبيحاً وأحوص العينين.

5- بشار بن برد: شاعر مخضرم من أشهر شعراء العصرين الأموي والعباسي ولد (أعمى) كفيف.

6- بتهوفن: الموسيقي العالمي الكبير.

7- تاليران: السياسي الفرنسي الأعرج والذي أصبح عضواً بلجنة الدستور الفرنسي بعد الثورة عام 1789 وسفيراً لفرنسا في لندن ثم وزيراً للخارجية الفرنسية 1975م.

8- الترمذي: من أصحاب السنن وعلماء الحديث (اسمه محمد بن عيسى) كان ضريراً ولد سنة 209هـ أهم كتبه (الجامع).

9- تيمور لنك: أكبر قادة التاريخ والغزاة في العالم، (مشلول اليد وأعرج) له فراسة عالية ولا يهاب الموت عاش 80 عاماً من أقواله (إذا كان هناك رب واحد للعالم فيجب أن يحكم العالم حاكم واحد).

10- جابر بيلي داننزيو: شاعر إيطالي ولد سنة 1863م يتكلم ست لغات.

11- جرير بن عبد الـلـه: قائد صحابي جميل الصورة وأصله من اليمن قال عنه الرسول صلى الـلـه عليه وسلم (اللهم اجعله هادياً مهدياً) وقال عنه عمر بن

الخطاب رضي الله عنه (جرير يوسف هذه الأمة وسيد قومه) وقال عنه علي بن أبي طالب رضي الله عنه (جرير منا آل البيت) من أبطال القادسية وفتح المدائن وجلولاء ونهاوند في العراق.

12- الحارث بن أبي شمر: أعظم ملوك الغساسنة كان أعرج.

13- حسان بن ثابت: كبير الشعراء المخضرمين بين الجاهلية والإسلام معاق الذراع (أكحل)- من بني النجار من خوال النبي الكريم محمد صلى الله عليه وسلم.

14- أبو الأسود الدؤلي: قاض وفقيه وشاعر ومحدث الأمير كان أعرج أصلع وكريه رائحة الفم وهو من كنانة ولد 16 قبل الهجرة - أحد أشهر نجلاء العرب الأربعة (الحطيئة - الأرقط - أبو الأسود - خالد بن صفوان).

15- أبو العلاء المعري: (أحمد بن عبد الله بن سليمان) مصاب بالجدري والعمى ومن أعظم شعراب العرب والمسلمين.

16- طه حسين: الحاصل على جائزة نوبل في الأدب من مشاهير العالم العربي والإسلامي ورائد الأدب العربي.

المصادر العربية

1- أكرم محمد صبحي محمود: المكفوفون في التربية الخاصة، برنامج السير والحركة والمساعدة جامعة البصرة .

2- اكرم محمد صبحي محمود: التخمين المكاني للمكفوفين، دراسة منفذة 1998-2000 م بمعهد الامل للمكفوفين بالبصرة جامعة البصرة منشور لمجلة القادسية جامعة القادسية 2002م.

3- أمال صلدق ، فؤاد ابو حطب علم النفس التربوي: الطبعة الرابعة 1994م مكتب الانجلو المصرية ص 227.

4- زيدان ومفيد نجيب حداثين:تعليم الاطفال الموهوبين دار الفكر ط1 عمان -الاردن .

5- فاخر عاقل فاخر معجم علم النفس دار الملايين بيروت.

6- عزة مختار الدعدع : سمير عبد الله غعلي: تعليم الاطفال بطئ التعلم دار الفكر

7- عزة محمد عبده غانم: تربية الموهوبين والمتفوقين :جامعة صنعاء .

8- فؤاد البهي السيد : الذكاء: دار الفكر العربي ط4 .

9- فؤاد ابو حطب: القدرات العقلية ط6 الانجلو المصرية.

10- راتب السعود: الانسان والبيئة(دراسة في التربية) دار الحامد -الاردن

11- قحطان احمد الطاهر: مدخل الى التربية الخاصة

المصادر الاجنبية

1- Akram.M.S.Mohmoud:Pedagogika Specjana Wkraych zatoki Arabskiej-stan obecny tendencje rozwojowa.1982-nur.5.

2- Bryant J.Cratty:Movement and spatial Awareness in Blind Children and youth,spring Field,USA.1971.

3- Stanisaw Jakubowski, optacon nowe mozliwoszci dlaniewidomgch, szkota specyalna1982-num.5.str,337 warszowa, polanda .

4- Jadwige Kczynska-kwapisz:- Wspolzaleznosci Fizycznej i orientacji przestrz-ennej uniewidomch.str.109 szkota specjlna.

تم بحمد الله

Printed in the United States
By Bookmasters

T0157265